Mathematik

3

Arbeitsheft

Erarbeitet von
Ümmü Demirel
Astrid Deseniss
Claudia Drews
Christina Hohenstein
Christian Grulich
Anne Schachner
Susanne Ullrich
Christine Winter

und
der Cornelsen Redaktion
Primarstufe

Cornelsen

Inhaltsverzeichnis

Addieren und Subtrahieren bis 100

① Zuerst die Zehner,
dann die Einer.

a)   57 + 16 = ____
+ Z 57 + 10 = ____
+ E 67 + 6 = ____

b)   48 + 25 = ____
+ Z ____ + ____ = ____
+ E ____ + ____ = ____

c)   36 + 45 = ____
+ Z ____ + ____ = ____
+ E ____ + ____ = ____

d)   72 − 34 = ____
− Z 72 − 30 = ____
− E 42 − 4 = ____

e)   54 − 27 = ____
− Z ____ − ____ = ____
− E ____ − ____ = ____

f)   81 − 56 = ____
− Z ____ − ____ = ____
− E ____ − ____ = ____

② Nah am Zehner.

a)
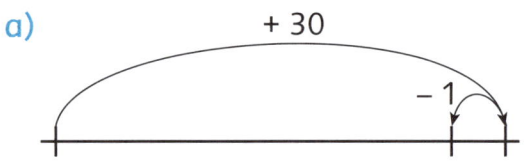

63 + 29 = ____

b)
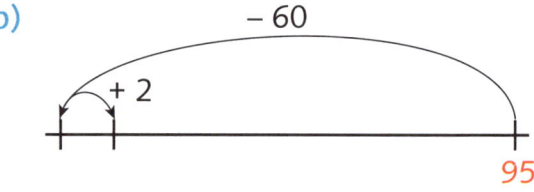

95 − 58 = ____

c)
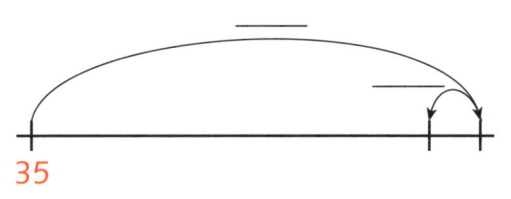

35 + 48 = ____

d)
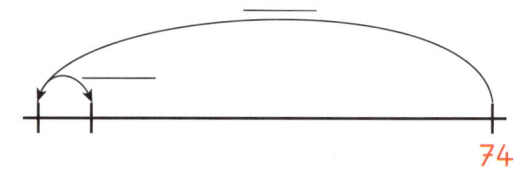

74 − 28 = ____

e)
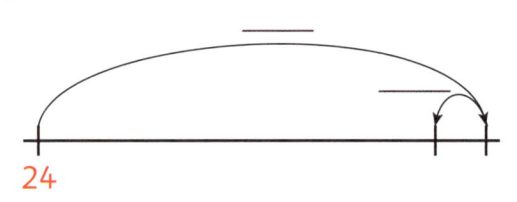

24 + 59 = ____

f)
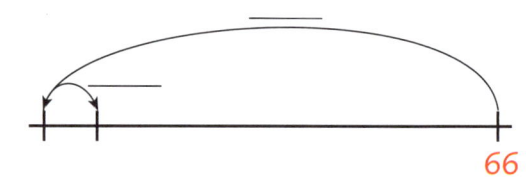

66 − 39 = ____

4

▶ SB 8/9

Rechenwege aufschreiben

Lisa

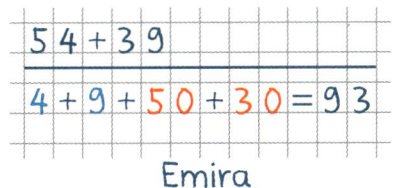

Emira

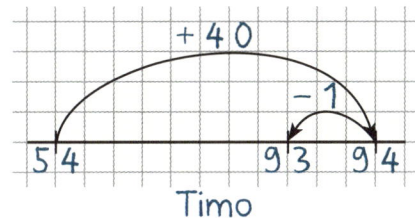

Timo

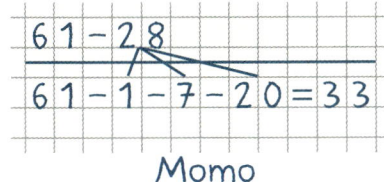

Momo

Natalia

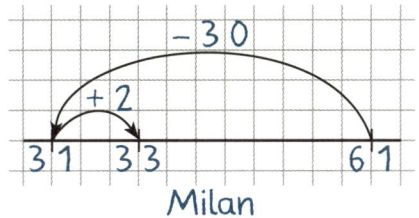

Milan

1 Wie rechnest du?

a) 36 + 58 = _____

b) 61 – 23 = _____

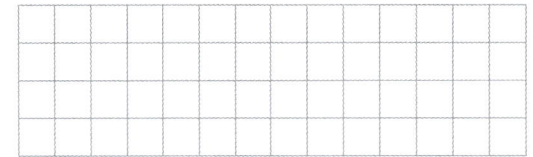

c) 44 + 27 = _____

d) 76 – 39 = _____

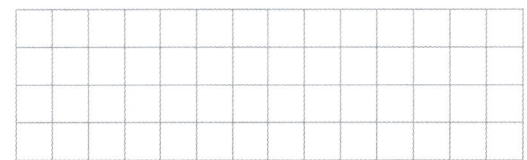

e) 53 + 18 = _____

f) 67 – 18 = _____

g) 27 + 53 = _____

h) 91 – 43 = _____

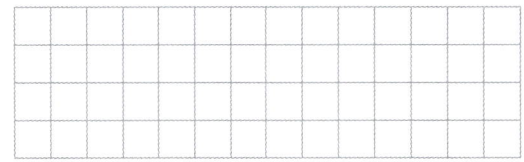

i) 35 + 36 = _____

j) 65 – 37 = _____

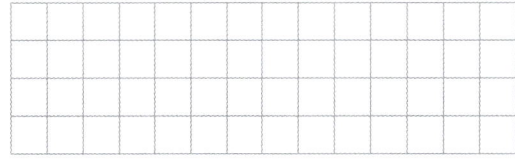

① Rechne als Malaufgaben.

a)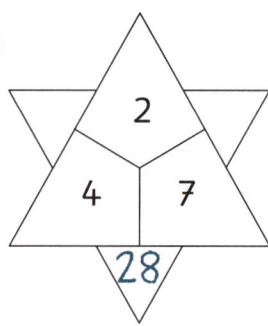

b)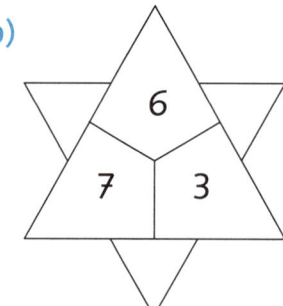

c)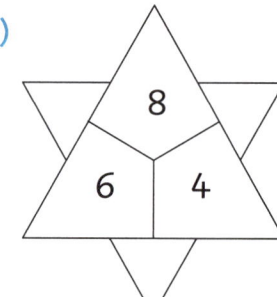

d)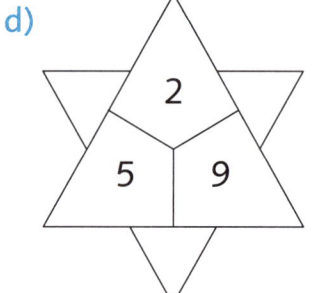

e)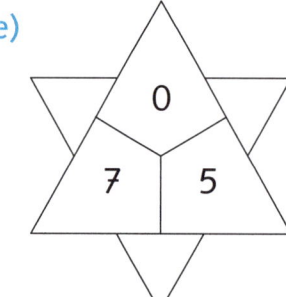

f)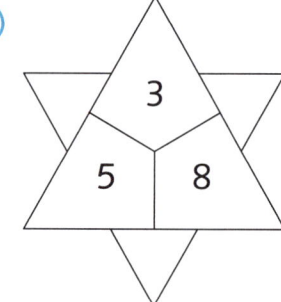

g)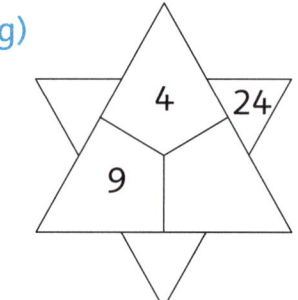

h)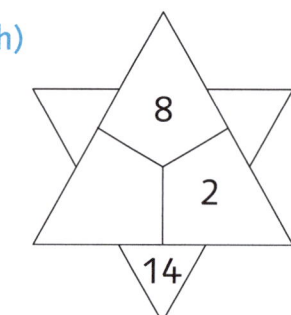

i)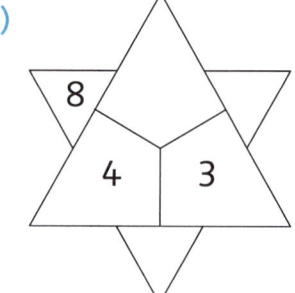

 ② a)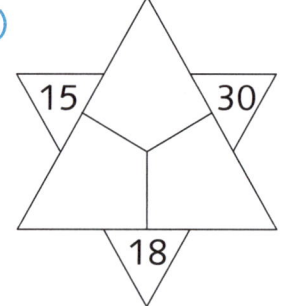

b)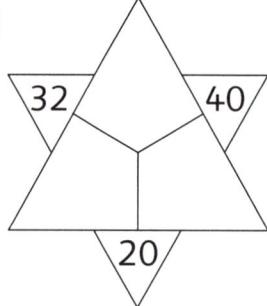

c)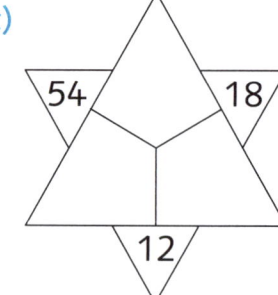

d)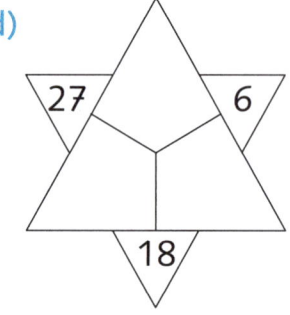

e)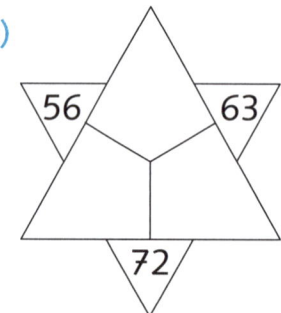

f)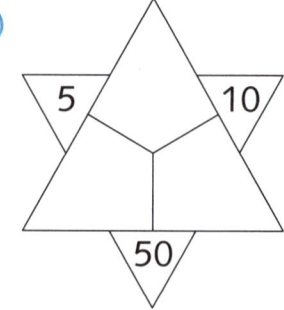

► SB 12/13

① Finde alle 4 Aufgaben.

a)
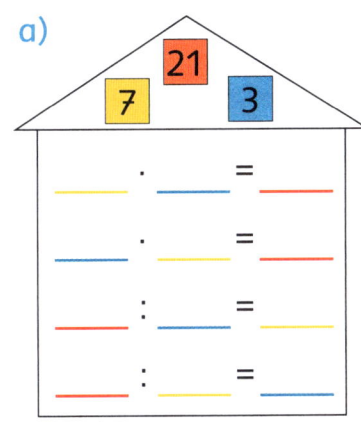

b)
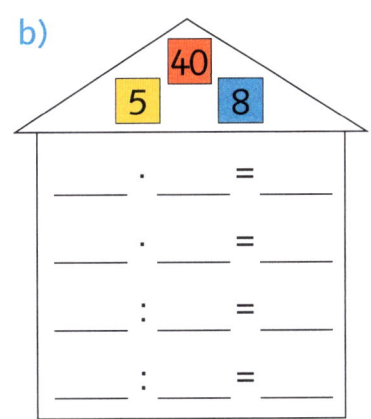

c)
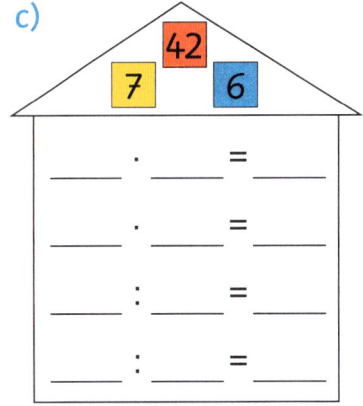

② Welche Zahlen gehören ins Haus?
Finde alle 4 Aufgaben.

a) 24 8 4 3
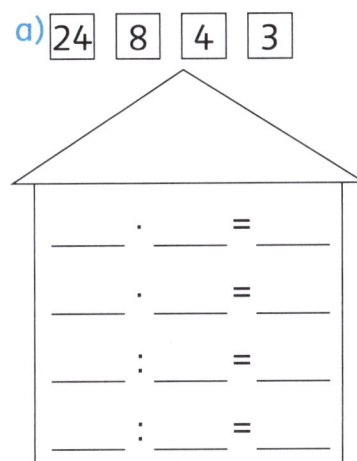

b) 72 8 6 9
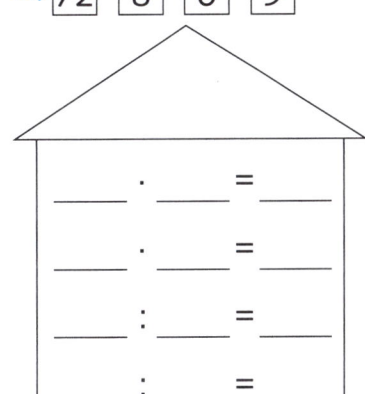

c) 56 9 7 8
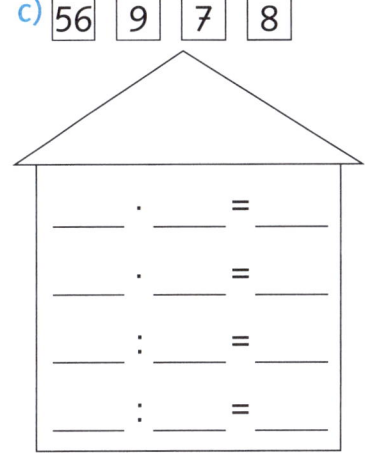

③ Finde möglichst viele Aufgaben.

35   60   12   48   (:)   2   3   5   6   4
   36

$35 : 5 =$

Hunderter

① Wie heißt die Zahl?

a)  300

b) 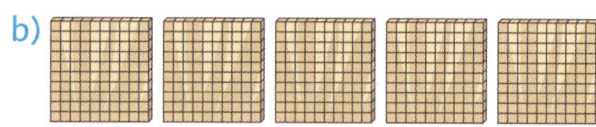 _____

c) 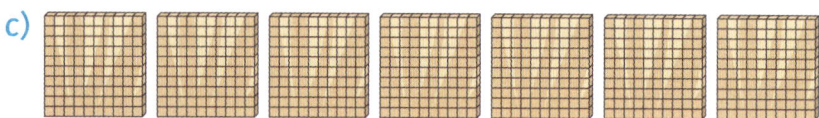 _____

d) 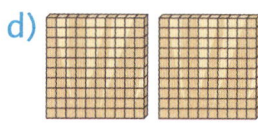 _____

e)  _____

f) 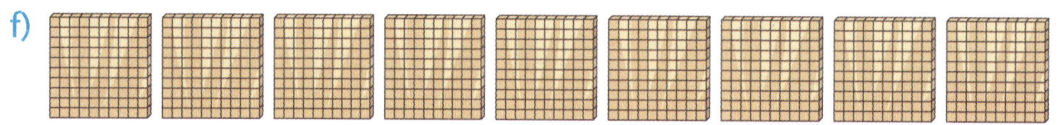 _____

g) 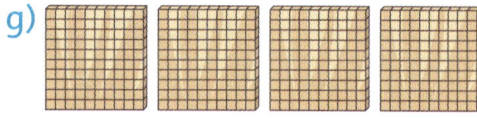 _____

h)  _____

②
a) fünfhundert 500

b) zweihundert _____

c) achthundert _____

d) vierhundert _____

e) dreihundert _____

f) neunhundert _____

g) sechshundert _____

h) einhundert _____

i) siebenhundert _____

h) tausend _____

►SB 17

③ a) vierhundert

b) tausend

c) siebenhundert

d) einhundert

e) fünfhundert

f) dreihundert

g) neunhundert

h) achthundert

④ a) ☐☐☐   <u>dreihundert</u>

b) ☐☐☐☐☐   _____

c) ☐☐☐☐☐☐   _____

d) ☐☐   _____

e) ☐☐☐☐   _____

f) ☐☐☐☐☐☐☐☐   _____

g) ☐☐☐☐☐☐☐   _____

① Trage in die Stellenwerttafel ein.

a)

b)

c)

d)

e)

f)

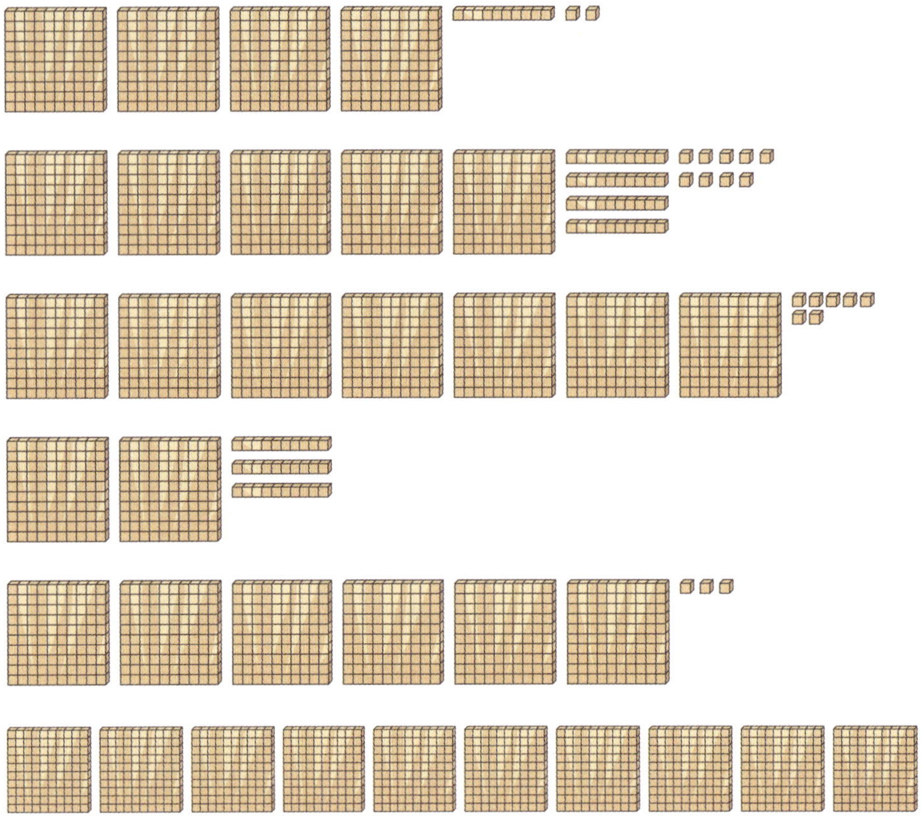

T	H	Z	E
	4	1	2

②

a)

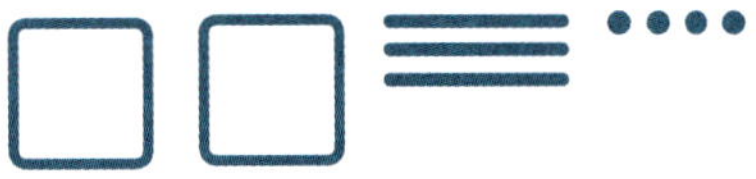

2 H + 3 Z + 4 E

b)

5 H + 7 Z + 0 E

c)

7 H + 8 Z + 2 E

d)

2 H + 0 Z + 1 E

e)

9 H + 5 Z + 7 E

f)

6 H + 3 Z + 0 E

▶ SB 18

③ Schreibe die Plusaufgabe.

a)  $400 + 10 + 7 = 417$

b) 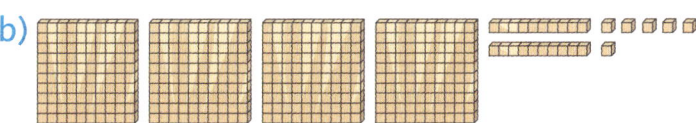   _____

c)    _____

d) 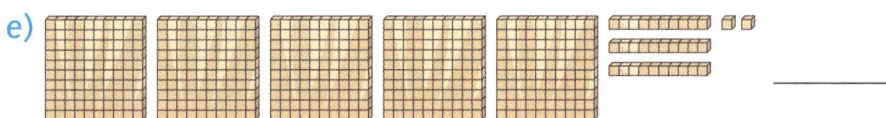   _____

e) _____

f) 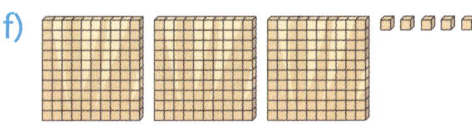   _____

④ a) 5 H 7 Z 2 E $500 + 70 + 2 =$ _____

b) 9 H 1 Z 8 E _____

c) 7 H 0 Z 1 E _____

d) 3 H 8 Z 3 E _____

e) 8 H 9 Z 7 E _____

⑤ a) zweihundertachtunddreißig $200 + 30 + 8 =$ _____

b) vierhundertsiebenundvierzig _____

c) achthundertfünfundsiebzig _____

d) einhundertdreiundachtzig _____

e) siebenhundertneunzehn _____

Hundertertafeln

① Kreuze die richtigen Sätze an.

a)

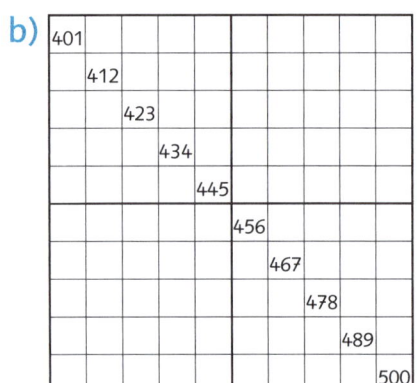

102								
112								
122								
132								
142								
152								
162								
172								
182								
192								

- ○ Die Zahlen haben alle 2 Zehner.
- ○ Die Zahlen stehen alle in einer Zeile.
- ○ Der Zehner wird immer um 1 größer.
- ○ Der Einer bleibt gleich.

b)

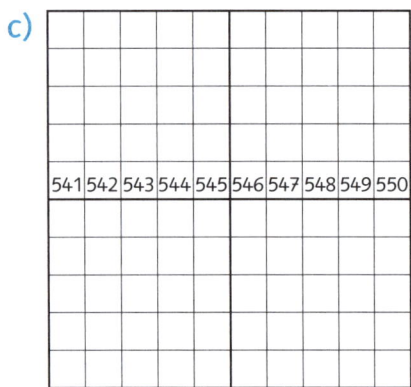

- ○ Der Hunderter bleibt gleich.
- ○ Die Zahlen stehen auf der 5. Hundertertafel.
- ○ Der Zehner wird immer um 1 kleiner.
- ○ Der Einer wird immer um 1 größer.

c)

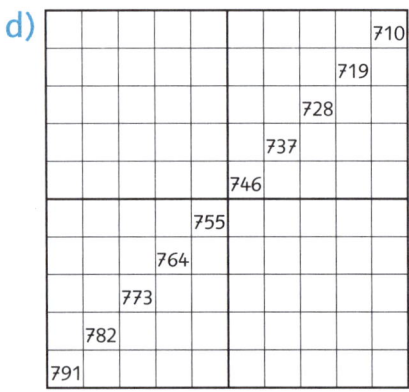

- ○ Die Zahlen haben alle 5 Hunderter.
- ○ Die Zahlen haben alle 4 Einer.
- ○ Die Zahlen haben alle 4 Zehner.
- ○ Die Zahlen stehen alle in einer Zeile.

d)

- ○ Der Hunderter wird immer um 1 kleiner.
- ○ Der Zehner wird immer um 1 größer.
- ○ Der Einer wird immer um 1 kleiner.
- ○ Der Hunderter bleibt gleich.

► SB 20/21

② Verbinde die Sätze mit den passenden Zahlen.

a)

Die Zahlen haben alle 5 Hunderter.

Der Zehner bleibt gleich.

Der Einer wird immer um 1 kleiner.

503	513	523	533	543

352	353	354	355	356

539	538	537	536	535

b)

Die Zahlen haben alle 9 Hunderter.

Der Zehner wird immer um 1 größer.

Der Einer bleibt gleich.

759	769	779	789	799

904	914	924	934	944

936	946	956	966	976

③ Schreibe die richtigen Zahlen auf.

a)

Die Zahlen stehen auf der 2. Hundertertafel.

Die Zahlen haben alle 3 Zehner.

Der Einer wird immer um 1 größer.

_____

b)

Die Zahlen stehen auf der 5. Hundertertafel.

Die Zahlen haben alle 8 Zehner.

Der Einer wird immer um 1 größer.

_____

c)

Die Zahlen haben alle 7 Hunderter.

Die Zahlen haben alle 4 Zehner.

Der Einer wird immer um 1 kleiner.

_____

Zahlenstrahl

① Welche Zahlen sind es?

a)

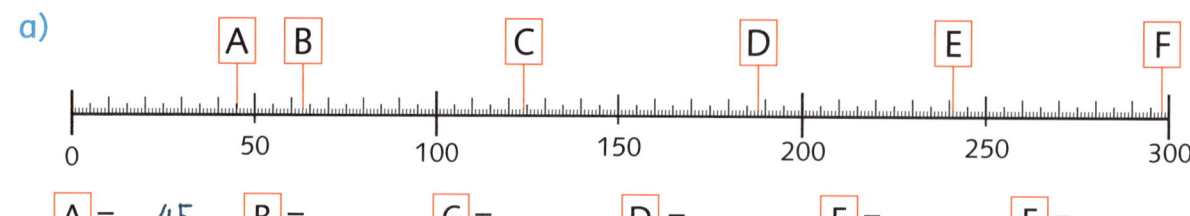

A = ___45___ B = _____ C = _____ D = _____ E = _____ F = _____

b)

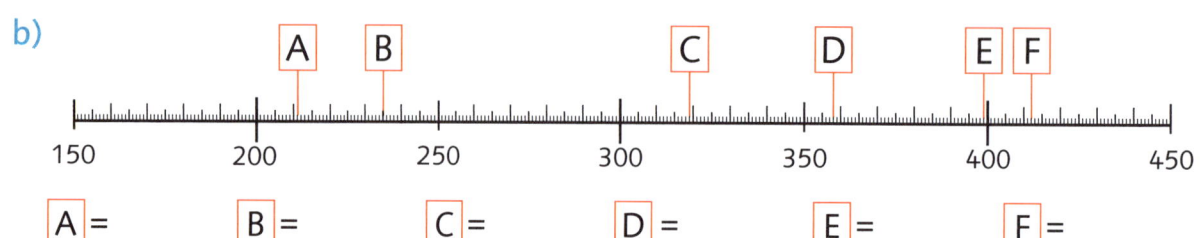

A = _____ B = _____ C = _____ D = _____ E = _____ F = _____

c)

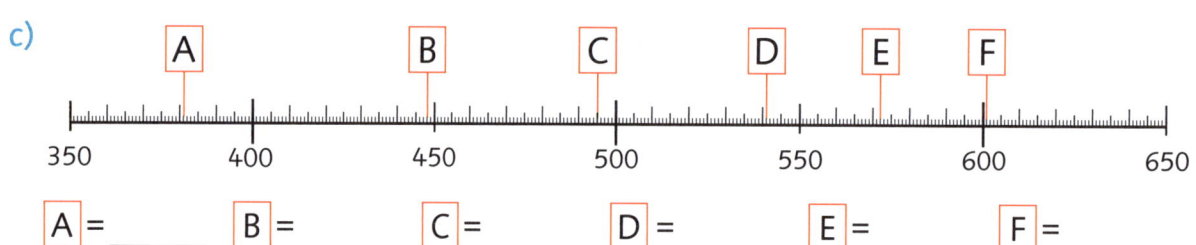

A = _____ B = _____ C = _____ D = _____ E = _____ F = _____

d)

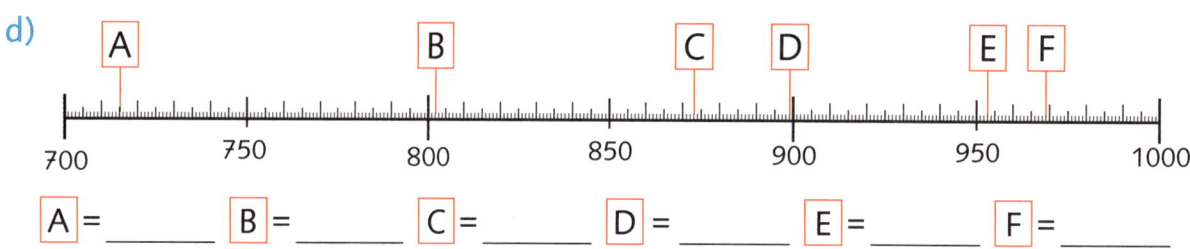

A = _____ B = _____ C = _____ D = _____ E = _____ F = _____

② Zähle in Zehnerschritten weiter.

a) 530 _____

b) 790 _____

c) 349 _____

③ Zähle in Hunderterschritten weiter.

a) 100 _____

b) 220 _____

c) 405 _____

④ Finde die Mitte.

a)

0 _____ 200

b)

300 _____ 500

c)
600 _____ 800

d)

800 _____ 1000

e)
200 _____ 400

f)

400 _____ 600

⑤

a)
0 _____ 400

b)
200 _____ 600

c)
300 _____ 700

d)
500 _____ 900

e)
100 _____ 500

f)
400 _____ 800

⑥ Überprüfe, in welchen Schritten du zählen musst.

a)
0 ____ ____ ____ 400

b)
250 ____ ____ ____ 450

c)
100 ____ ____ ____ ____ 200

d)
400 ____ 500

e)
400 ____ ____ 1000

f)
800 ____ ____ ____ 1000

g)
700 ____ ____ 760

h)
800 ____ ____ ____ 830

i)
756 ____ ____ 786

j)
911 ____ ____ ____ ____ 941

① Wie heißt die Zahl? Wie heißt der Vorgänger?
Wie heißt der Nachfolger?

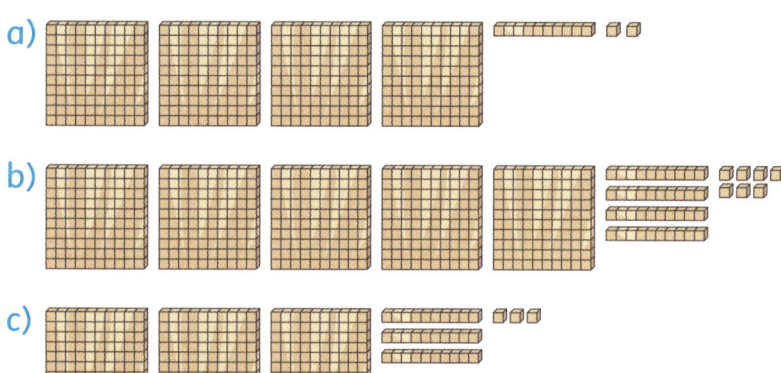

a)

b)

c)

d)

Vor-gänger	Zahl	Nach-folger
	412	

② Springe vor zum großen Nachbarzehner.

a)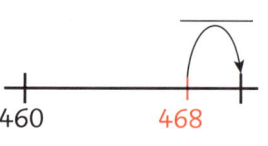
460   468

b)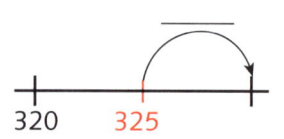
320   325

c)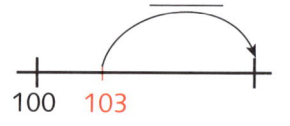
100   103

d)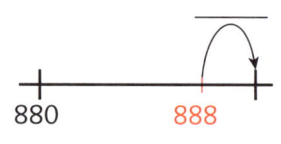
880   888

e)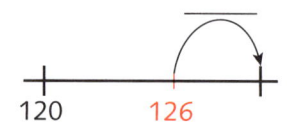
120   126

f)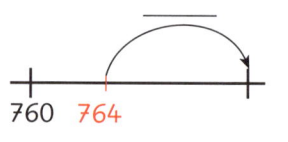
760   764

③ Springe zurück zum kleinen Nachbarzehner.

a)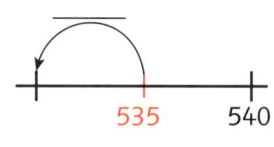
535   540

b)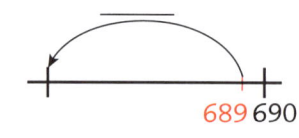
689 690

c)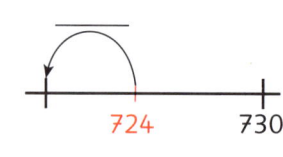
724   730

d)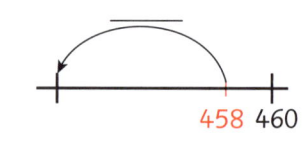
458 460

e)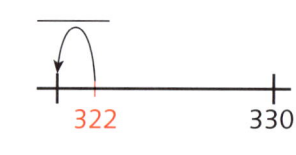
322   330

f)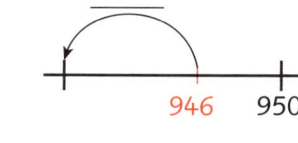
946   950

► SB 24

④ Vor und zurück zu den Nachbarzehnern.
Ergänze die fehlenden Zahlen.

a)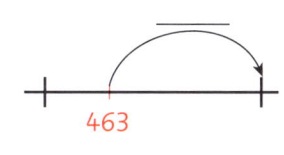

b)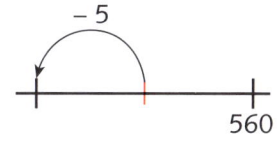

c)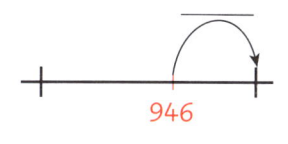

d)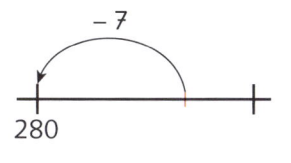

e)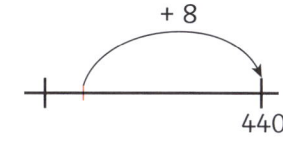

f)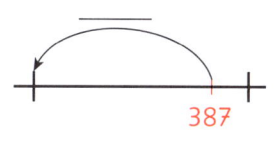

⑤ Springe vor zum großen Nachbarhunderter.

a)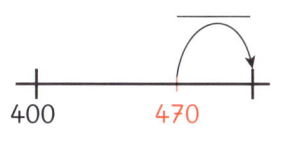

b)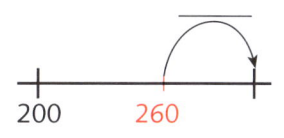

c)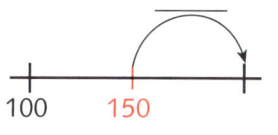

d)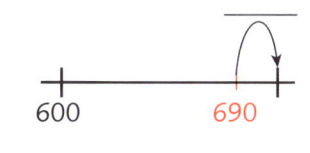

e)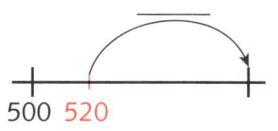

f)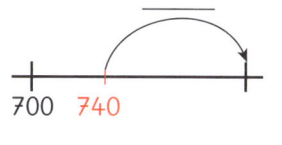

⑥ Springe zurück zum kleinen Nachbarhunderter.

a)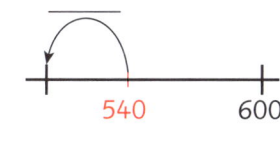

b)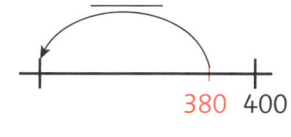

c)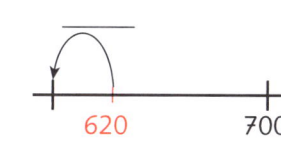

d)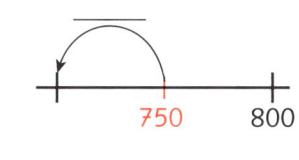

e)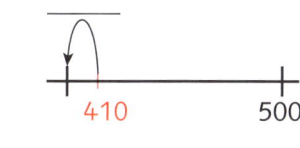

f)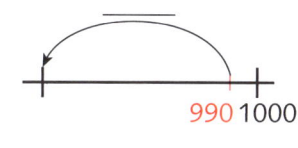

Rechter Winkel

① Finde rechte Winkel in den Formen.
Überprüfe mit einem Faltwinkel. Zeichne die rechten Winkel ein.

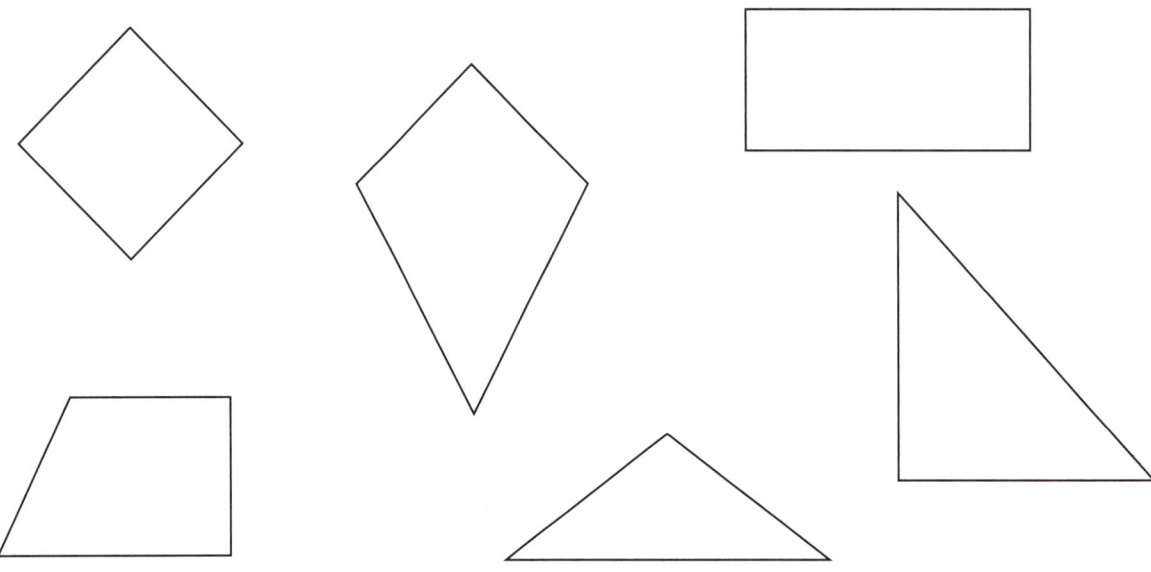

② Schreibe 4 Gegenstände auf, die einen rechten Winkel haben.

_____

_____

③ Zeichne die Form weiter. Zeichne die rechten Winkel ein.

a)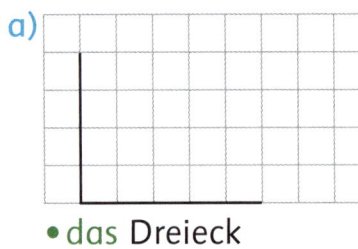
• das Dreieck

b)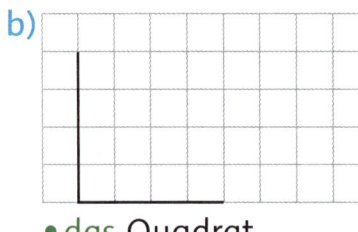
• das Quadrat

c)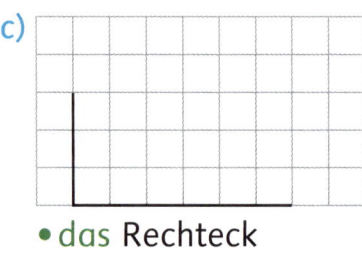
• das Rechteck

④ Was wäre, wenn die Tür keinen rechten Winkel hätte?

_____

_____

Was wäre, wenn deine Bücher keinen rechten Winkel hätten?

_____

_____

► SB 28

Parallel zueinander

① Male zueinander parallele Seiten mit der gleichen Farbe an.

a)
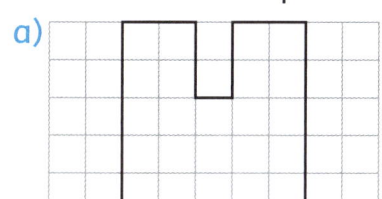

b)
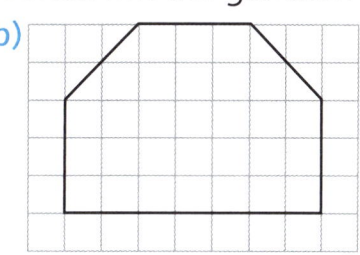

c)
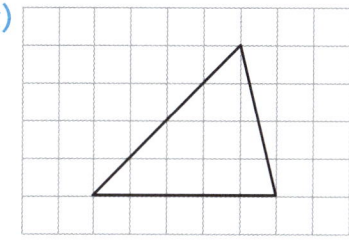

d)
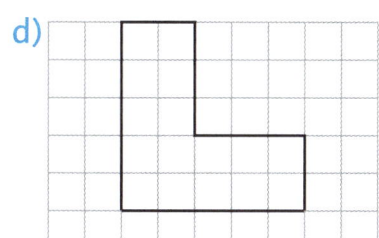

e)
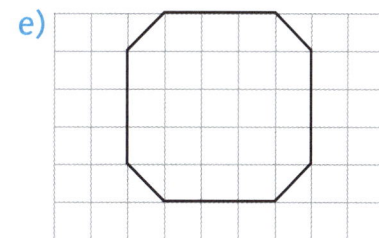

f)
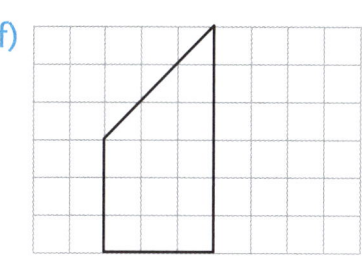

② Sind die Linien parallel zueinander?

a)
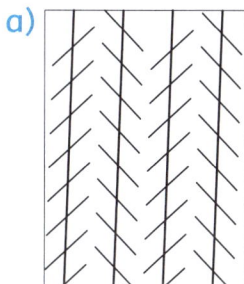

b)
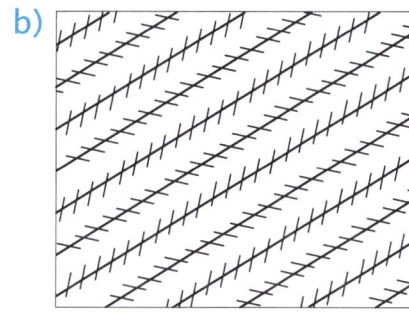

c)

d) Beschreibe, was du entdeckt hast.

_____

_____

_____

_____

_____

e) Zeichne selbst ein Bild wie bei a) bis c).

① Zeichne Vierecke in die Zeichenuhr.

a) ein Rechteck

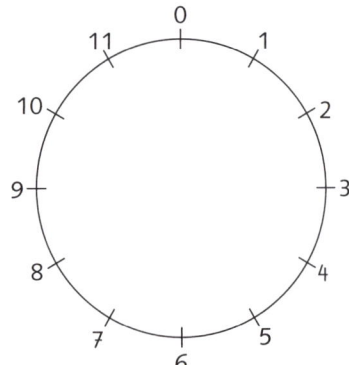

b) ein unregelmäßiges Viereck

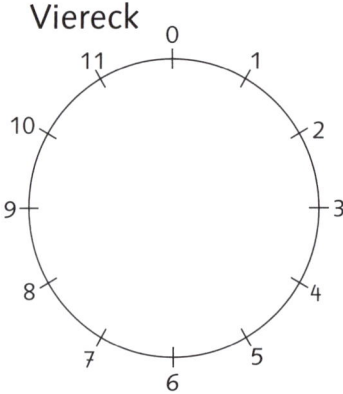

c) ein Trapez

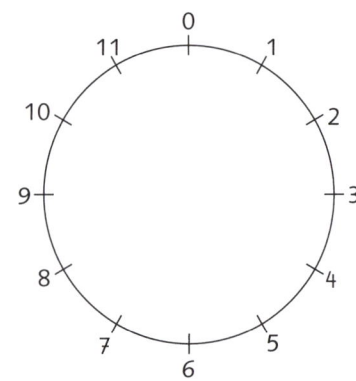

d) einen Drachen

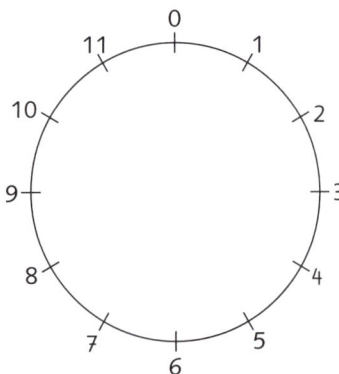

e) ein Quadrat

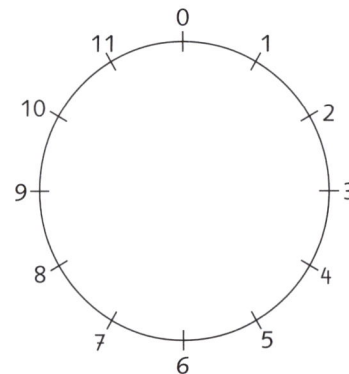

f) ein unregelmäßiges Viereck

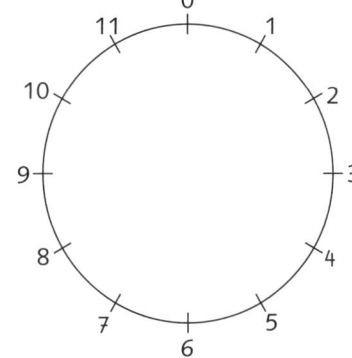

② Wie viele rechte Winkel haben die Vierecke?

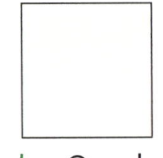
• das Quadrat

• das Parallelogramm

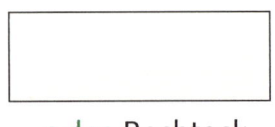
• das Rechteck

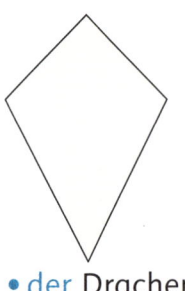
• der Drachen

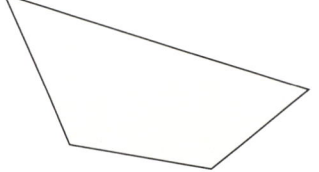
• das unregelmäßige Viereck

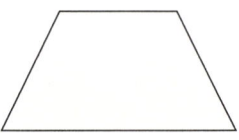
• das Trapez

Viereck	Wie viele rechte Winkel?
das Rechteck	

► SB 30

③ Male zueinander parallele Seiten mit der gleichen Farbe an.

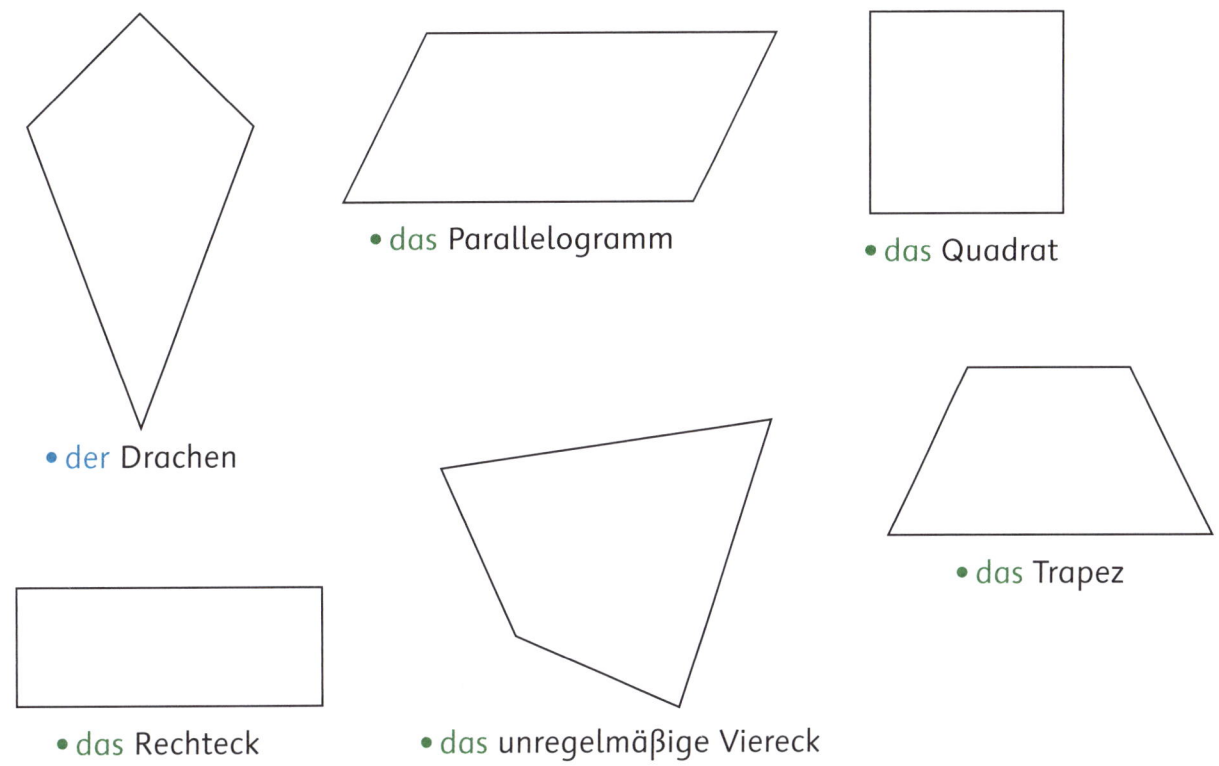

• das Parallelogramm

• das Quadrat

• der Drachen

• das Trapez

• das Rechteck

• das unregelmäßige Viereck

④ Kreuze die richtigen Satzteile an.

Wenn ein Viereck zwei rechte Winkel hat, dann

○ ist es ein Quadrat oder ein Rechteck.

○ sind alle 4 Winkel rechte Winkel.

○ sind die gegenüberliegenden Seiten parallel zueinander.

○ sind alle vier Seiten gleich lang.

Wenn ein Viereck zwei rechte Winkel hat, dann

○ hat es keine zueinander parallele Seiten.

○ kann es zwei zueinander parallele Seiten haben.

○ ist es ein Parallelogramm.

○ sind immer zwei Seiten zueinander parallel.

Flächen vergleichen

1 Spanne und zeichne verschiedene Figuren mit der gleichen Fläche.

a)

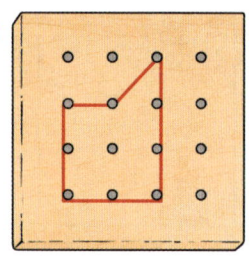 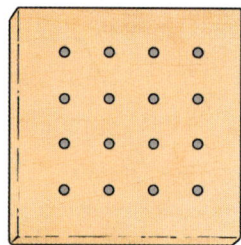 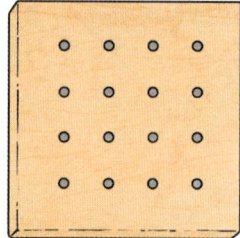

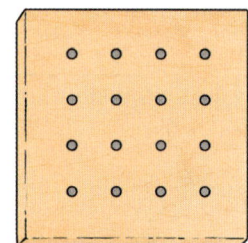 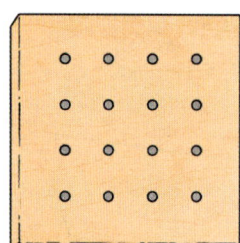 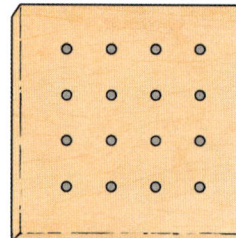 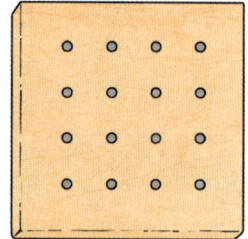

b)

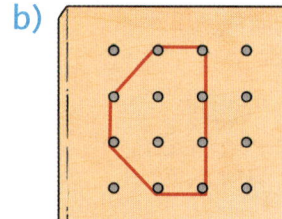 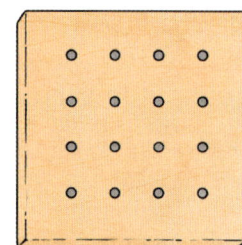 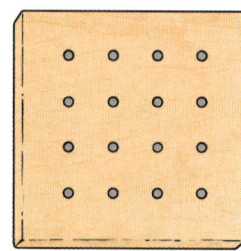 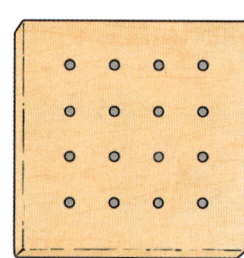

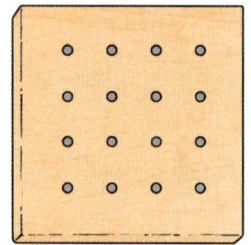 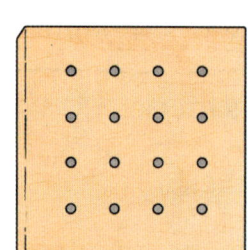 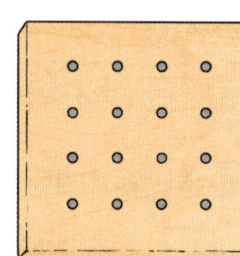 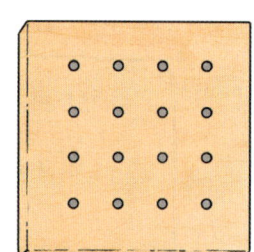

2 Spanne und zeichne eine Figur.
Wie groß ist die Fläche? Schreibe in EQ und ED.

a)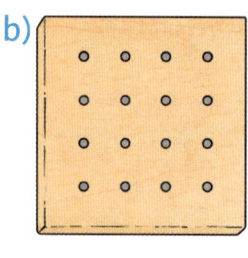

b)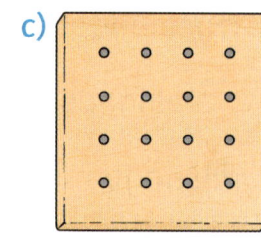

c)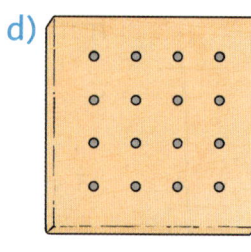

d)

___ EQ ___ ED   ___ EQ ___ ED   ___ EQ ___ ED   ___ EQ ___ ED

► SB 32/33

③ Spanne und zeichne das Viereck.
Wie groß ist die Fläche? Schreibe in EQ und ED.

a) ein Rechteck

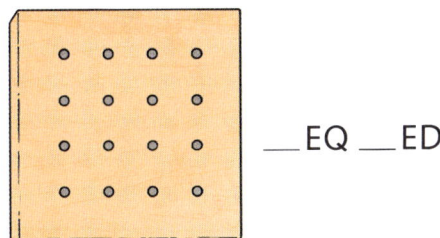 ___EQ ___ED

b) ein Parallelogramm

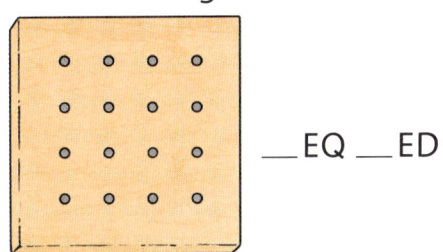 ___EQ ___ED

c) ein Trapez

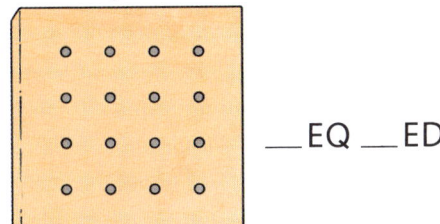 ___EQ ___ED

d) ein unregelmäßiges Viereck

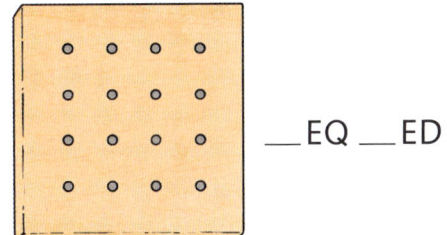 ___EQ ___ED

④ Spanne immer zuerst dieses Quadrat.

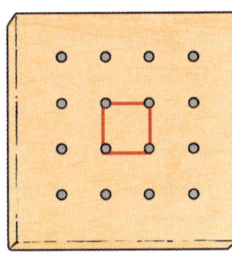

Spanne und zeichne dann daraus:

a) ein Rechteck

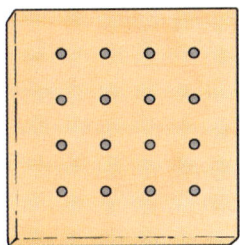

b) ein Parallelogramm

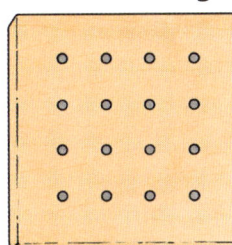

c) ein Trapez

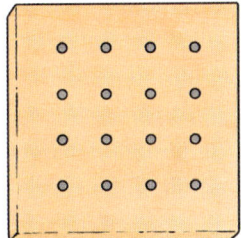

d) ein unregelmäßiges Viereck

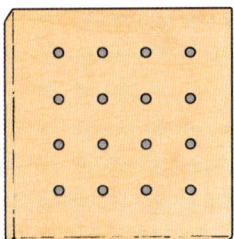

▸ SB 32/33

23

Meter und Zentimeter

① Ordne die Längen in der Tabelle und schreibe als Kommazahl.
Beginne mit der kürzesten Länge.

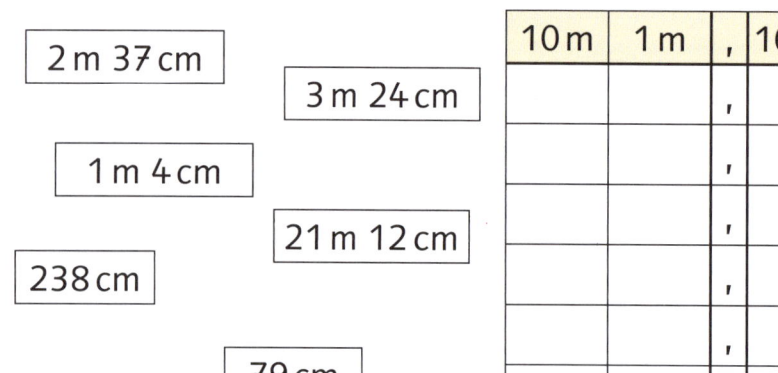

2 m 37 cm

3 m 24 cm

1 m 4 cm

21 m 12 cm

238 cm

79 cm

10 m	1 m	,	10 cm	1 cm
		,		
		,		
		,		
		,		
		,		
		,		

② Male gleiche Längen in der gleichen Farbe an.

4 m 50 cm

207 cm   7,20 m   7 m 2 cm   7 m 20 cm   2,70 m

702 cm

2 m 70 cm   4,5 m   720 cm   2 m 7 cm   270 cm

7,02 m   450 cm   2,07 m   4,05 m   405 cm   4 m 5 cm

③ Vergleiche die Längen. Setze $<$, $>$ oder $=$ ein.

a)   2 m 7 cm ◯ 207 cm

  2,07 m ◯ 2,70 m

  207 cm ◯ 2 m 70 cm

b)   580 cm ◯ 5,08 m

  5 m 8 cm ◯ 5,80 m

  508 cm ◯ 5 m 8 cm

c)   465 cm ◯ 4 m 65 cm

  4,56 m ◯ 465 cm

  4 m 65 cm ◯ 456 cm

d)   610 cm ◯ 6,10 m

  6,01 m ◯ 6 m 10 cm

  6 m 1 cm ◯ 610 cm

④ Fülle die Tabelle aus.

156 cm	237 cm	407 cm			65 cm
1 m 56 cm			7 m 50 cm		
1,56 m				5,32 m	

▸ SB 36, 39

Zentimeter und Millimeter

① Miss die Länge der Stifte.
Schreibe in Millimeter und Zentimeter.

_____ mm
_____ cm

_____ mm
_____ cm

_____ mm
_____ cm

_____ mm
_____ cm

_____ mm
_____ cm

_____ mm
_____ cm

_____ mm
_____ cm

_____ mm
_____ cm

② Ordne die Strecken in der Tabelle und schreibe als Kommazahl.
Beginne mit der kürzesten Strecke.

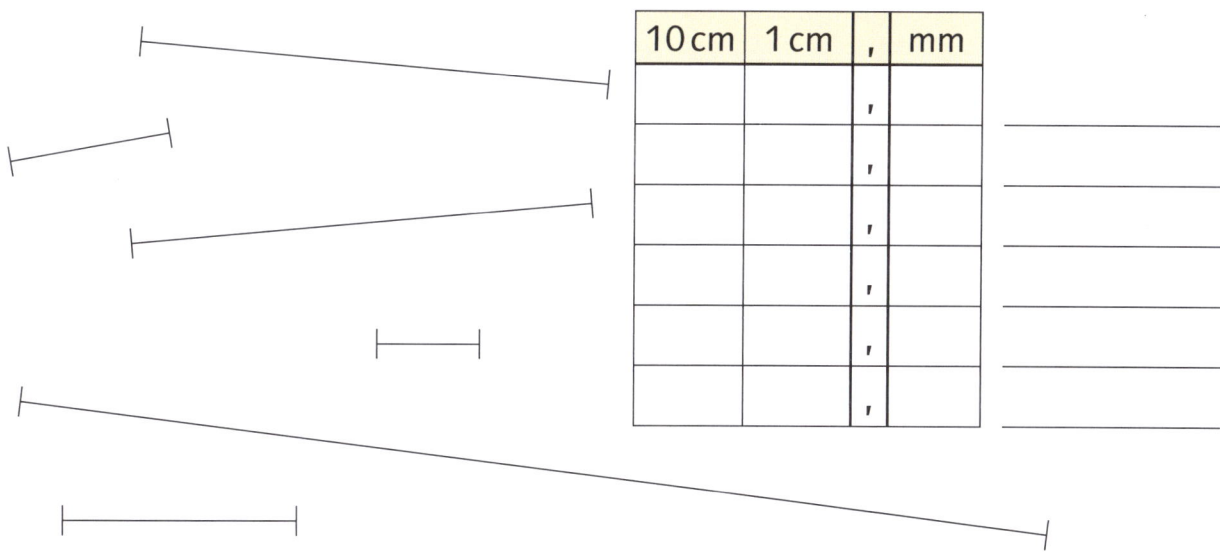

10 cm	1 cm	,	mm
		,	
		,	
		,	
		,	
		,	
		,	

③ Wie viele Zentimeter und Millimeter sind es?

a) 24 mm = _____ cm _____ mm

42 mm = _____ cm _____ mm

63 mm = _____ cm _____ mm

36 mm = _____ cm _____ mm

b) 502 mm = _____ cm _____ mm

250 mm = _____ cm _____ mm

205 mm = _____ cm _____ mm

225 mm = _____ cm _____ mm

▸ SB 37, 39

Strecken zeichnen

① Zeichne die Strecken.

a) 3 cm 5 mm ├───────────┤

b) 2 cm 7 mm

c) 49 mm

d) 57 mm

e) 1 cm 9 mm

f) 2,3 cm

g) 6,2 cm

h) 15 mm

② Wie geht es weiter?
Zeichne die Strecken.

├───┤ 1,0 cm

├────┤ 1,5 cm

├─────┤ ____ cm

③ Wie geht es weiter?
Zeichne die Strecken.

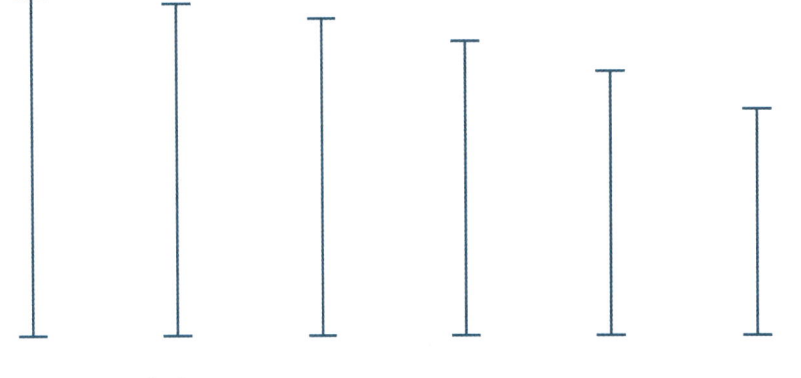

4,5 cm   4,4 cm   ____ cm ____ cm ____ cm ____ cm ____ cm ____ cm

▶ SB 37

① Was passt zusammen? Verbinde.

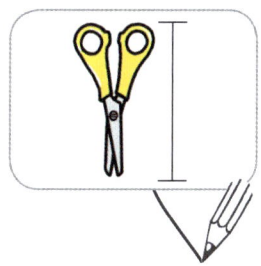

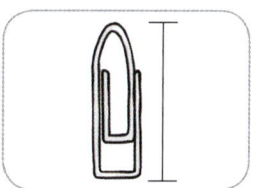
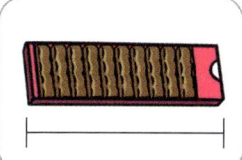

| 100 cm | 16 mm | 15 cm | 100 m | 25 mm | 30 cm | 20 cm | 10 mm |

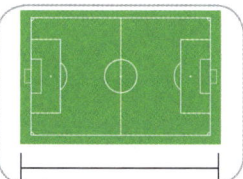

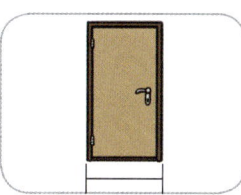
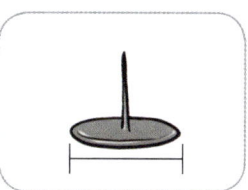

② Kreuze an.

	richtig	falsch
100 cm sind 1 Meter.	☐	☐
1 cm hat 20 Millimeter.	☐	☐
Ein halber Meter hat 70 cm.	☐	☐
Ein halber Meter hat 50 cm.	☐	☐
1 cm hat 10 Millimeter.	☐	☐
50 mm sind 5 Zentimeter.	☐	☐
0,8 Meter sind 8 Zentimeter.	☐	☐

③ Lies den Text.
Setze die passenden Längenangaben ein.

Mia hat mit einem Lineal gemessen. Das Lineal

ist _____ lang. Ihr Bleistift ist _____ lang.

Der Radiergummi ist _____ lang. Für den Klassenraum

hat Mia ein Metermaß benutzt. Der Raum ist _____ lang

und _____ breit. Mias Schulweg ist _____ lang.

| 14 cm |
| 30 cm | 8 m |
| 7 m |
| 5 cm |
| 500 m |

① a) 100 + 100 = _____   b) 800 + 100 = _____   c) 200 + 300 = _____

200 + 200 = _____   600 + 300 = _____   900 + 100 = _____

300 + 300 = _____   300 + 200 = _____   100 + 300 = _____

400 + 400 = _____   200 + 400 = _____   700 + 300 = _____

② Zu welchem Entdeckerpäckchen passt die Beschreibung?
Rechne und kreuze an.

> Die erste Zahl wird immer um 100 kleiner.
> Die zweite Zahl wird immer um 100 größer.
> Das Ergebnis bleibt immer gleich.

○ 900 + 100 = _____   ○ 800 + 100 = _____   ○ 600 + 100 = _____

700 + 300 = _____   600 + 200 = _____   500 + 200 = _____

500 + 500 = _____   400 + 300 = _____   400 + 300 = _____

_____   _____   _____

③ Rechne und beschreibe das Entdeckerpäckchen.

100 + 600 = _____   _____

300 + 500 = _____   _____

500 + 400 = _____   _____

_____ + _____ = _____   _____

④ a) 300 + _____ = 1000   b) 100 + _____ = 1000   c) 700 + _____ = 1000

800 + _____ = 1000   500 + _____ = 1000   400 + _____ = 1000

600 + _____ = 1000   900 + _____ = 1000   200 + _____ = 1000

⑤ a) _____ + _____ = 500   b) _____ + _____ = 700

_____ + _____ = 500   _____ + _____ = 700

_____ + _____ = 500   _____ + _____ = 700

_____ + _____ = 500   _____ + _____ = 700

▶ SB 42

Subtraktion bis 1000

① a) 700 − 400 = _____   b) 900 − 300 = _____   c) 800 − 600 = _____

   1000 − 400 = _____   900 − 400 = _____   900 − 500 = _____

   500 − 400 = _____   900 − 800 = _____   700 − 400 = _____

   800 − 400 = _____   900 − 100 = _____   1000 − 300 = _____

② Zu welchem Entdeckerpäckchen passt die Beschreibung?
Rechne und kreuze an.

> Die erste Zahl wird immer um 100 kleiner.
> Die zweite Zahl bleibt immer gleich.
> Das Ergebnis wird immer um 100 kleiner.

○ 900 − 200 = _____   ○ 700 − 200 = _____   ○ 300 − 300 = _____

   800 − 300 = _____   600 − 200 = _____   400 − 300 = _____

   700 − 400 = _____   500 − 200 = _____   500 − 300 = _____

   _____   _____   _____

③ Rechne und beschreibe das Entdeckerpäckchen.

   300 − 100 = _____   _____

   500 − 200 = _____   _____

   700 − 300 = _____   _____

   _____ − _____ = _____   _____

④ a) 1000 − _____ = 300   b) 1000 − _____ = 400   c) 1000 − _____ = 200

   1000 − _____ = 600   1000 − _____ = 800   1000 − _____ = 100

   1000 − _____ = 900   1000 − _____ = 500   1000 − _____ = 700

⑤ a) _____ − _____ = 200   b) _____ − _____ = 100

   _____ − _____ = 200   _____ − _____ = 100

   _____ − _____ = 200   _____ − _____ = 100

   _____ − _____ = 200   _____ − _____ = 100

Addieren und Subtrahieren üben

①　a) 450 + _____ = 1000　　b) 770 + _____ = 1000　　c) 1000 − 280 = _____

　　　　250 + _____ = 1000　　　　520 + _____ = 1000　　　　1000 − 930 = _____

　　　　550 + _____ = 1000　　　　390 + _____ = 1000　　　　1000 − 610 = _____

　　　　850 + _____ = 1000　　　　460 + _____ = 1000　　　　1000 − 720 = _____

②　a) 340 + _____ = 1000　　　　　　　　　　b) 1000 − 510 = _____

　　　　350 + _____ = 1000　　　　　　　　　　　1000 − 530 = _____

　　　　360 + _____ = 1000　　　　　　　　　　　1000 − 550 = _____

　　　　370 + _____ = 1000　　　　　　　　　　　1000 − 570 = _____

　　c) 1000 − 530 = _____　　　　　　　　d) 350 + _____ = 1000

　　　　1000 − 540 = _____　　　　　　　　　400 + _____ = 1000

　　　_____ − _____ = _____　　　　　　　_____ + _____ = 1000

　　　_____ − _____ = _____　　　　　　　_____ + _____ = 1000

③　a)　2 + 6 = _____　　b)　9 − 5 = _____　　c)　3 + 7 = _____

　　　　20 + 60 = _____　　　　90 − 50 = _____　　　　30 + 70 = _____

　　　200 + 600 = _____　　　900 − 500 = _____　　　300 + 700 = _____

④　a)　4 + 3 = _____　　b)　5 + 2 = _____　　c)　9 − 6 = _____

　　　　14 + 3 = _____　　　　15 + 2 = _____　　　　19 − 6 = _____

　　　114 + 3 = _____　　　115 + 2 = _____　　　119 − 6 = _____

⑤　a) 413 + 4 = _____　　b) 326 + 3 = _____　　c) 645 + 2 = _____

　　　413 + 40 = _____　　　326 + 30 = _____　　　645 + 20 = _____

　　　413 + 400 = _____　　　326 + 300 = _____　　　645 + 200 = _____

⑥　a) 769 − 5 = _____　　b) 888 − 7 = _____　　c) 596 − 4 = _____

　　　769 − 50 = _____　　　888 − 70 = _____　　　596 − 40 = _____

　　　769 − 500 = _____　　　888 − 700 = _____　　　596 − 400 = _____

►SB 44/45

7 a) 444 − 200 = _____   b) 512 + 300 = _____   c) 878 − 500 = _____

444 − 20 = _____   512 + 30 = _____   878 − 50 = _____

444 − 2 = _____   512 + 3 = _____   878 − 5 = _____

---

8 a) 576 − 30 = _____   Beschreibe das Entdeckerpäckchen.

476 − 40 = _____   _____

376 − 50 = _____   _____

276 − 60 = _____   _____

b) 214 + 300 = _____   Beschreibe das Entdeckerpäckchen.

224 + 300 = _____   _____

234 + 300 = _____   _____

244 + 300 = _____   _____

---

9 a)

+	7	70	700
300			
210			
102			

b)

−	2	20	200
986			
754			
597			

---

10 Verbinde mit jeder Aufgabe einen passenden Satz.

Der Hunderter wird größer.
Der Zehner und der Einer
bleiben gleich.

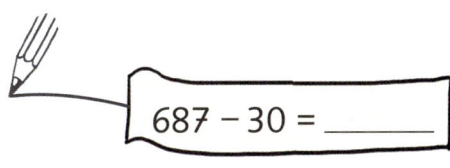

687 − 30 = _____

Der Einer wird kleiner.
Der Hunderter und
der Zehner bleiben gleich.

341 + 400 = _____

Der Zehner wird kleiner.
Der Hunderter und
der Einer bleiben gleich.

889 − 8 = _____

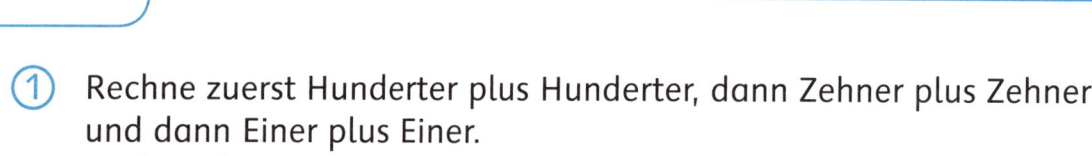

① Rechne zuerst Hunderter plus Hunderter, dann Zehner plus Zehner
und dann Einer plus Einer.
Rechne dann die Ergebnisse zusammen.

a) 328 + 259 = _____

    300 + 200 = _____
     20 + 50 = _____
      8 +   9 = _____

b) 619 + 177 = _____

    600 + 100 = _____
   _____ + _____ = _____
   _____ + _____ = _____

c) 239 + 515 = _____

   _____ + _____ = _____
   _____ + _____ = _____
   _____ + _____ = _____

d) 568 + 375 = _____

   _____ + _____ = _____
   _____ + _____ = _____
   _____ + _____ = _____

e) 783 + 148 = _____

   _____ + _____ = _____
   _____ + _____ = _____
   _____ + _____ = _____

f) 807 + 192 = _____

   _____ + _____ = _____
   _____ + _____ = _____
   _____ + _____ = _____

② Rechne erst die Einer dazu.
Die Partnerzahlen helfen dir.
Dann die Zehner dazu und die Hunderter.

a) 453 + 239 = _____

   45(3 + 7)+2 = _____
   462 + 30 = _____
   492 + 200 = _____

b) 377 + 366 = _____

   37(7 + 3)+3 = _____
   _____ + 60 = _____
   _____ + _____ = _____

c) 548 + 165 = _____

   54(8 + 2)+3 = _____
   _____ + _____ = _____
   _____ + _____ = _____

d) 695 + 246 = _____

   _____ + _____ = _____
   _____ + _____ = _____
   _____ + _____ = _____

▶ SB 46/47

③ Rechne die Aufgaben mit dem Rechenstrich.

a)

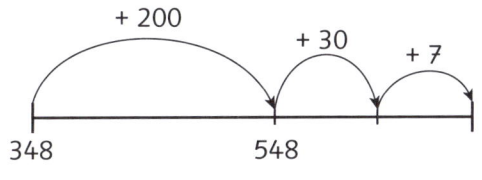

+ 200   + 30   + 7

348   548

_____ _____

348 + 237 = _____

b)

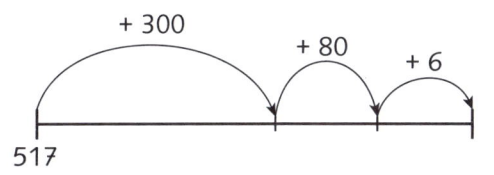

+ 300   + 80   + 6

517

_____ _____ _____

517 + 386 = _____

c)

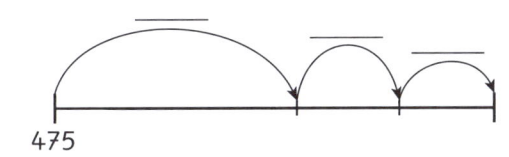

475

_____ _____ _____

475 + 139 = _____

d)

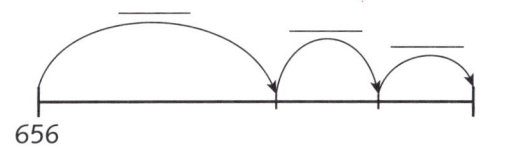

656

_____ _____ _____

656 + 245 = _____

e)

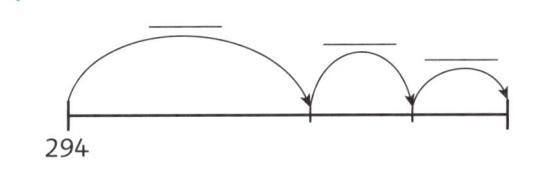

294

_____ _____ _____

294 + 439 = _____

f)

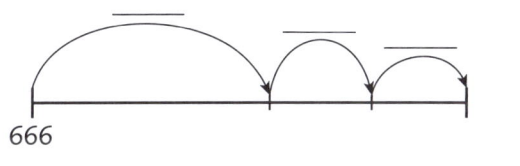

666

_____ _____ _____

666 + 246 = _____

④ Rechne erst die Hunderter dazu. Dann die Zehner dazu
und dann die Einer dazu.

a) 419 + 255 = _____

419 + 200 = _____

619 + 50 = _____

669 + 5 = _____

b) 342 + 269 = _____

342 + _____ = _____

_____ + _____ = _____

_____ + _____ = _____

c) 753 + 237 = _____

_____ + _____ = _____

_____ + _____ = _____

_____ + _____ = _____

d) 199 + 352 = _____

_____ + _____ = _____

_____ + _____ = _____

_____ + _____ = _____

① Erst die Hunderter weg, dann die Zehner weg und dann die Einer weg.

a) 936 – 317 = _____

   936 – 300 = _____
   636 –   10 = _____
   626 –   7 = _____

b) 674 – 258 = _____

   674 – 200 = _____
   _____ – _____ = _____
   _____ – _____ = _____

c) 546 – 229 = _____

   546 – _____ = _____
   _____ – _____ = _____
   _____ – _____ = _____

d) 753 – 458 = _____

   _____ – _____ = _____
   _____ – _____ = _____
   _____ – _____ = _____

e) 816 – 537 = _____

   _____ – _____ = _____
   _____ – _____ = _____
   _____ – _____ = _____

f) 911 – 365 = _____

   _____ – _____ = _____
   _____ – _____ = _____
   _____ – _____ = _____

②

a)
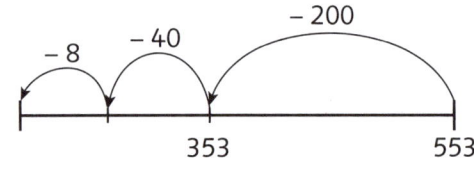

_____ _____ _____

553 – 248 = _____

b)
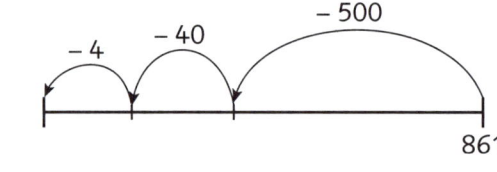

_____ _____ _____

861 – 544 = _____

c)
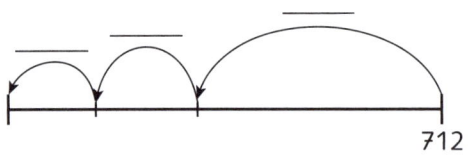

_____ _____ _____

712 – 435 = _____

d)
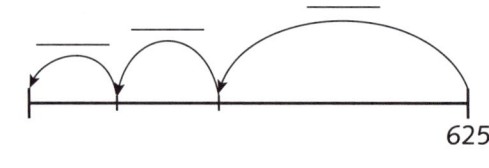

_____ _____ _____

625 – 346 = _____

e)
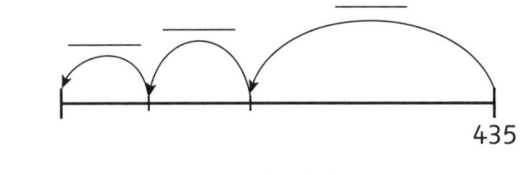

_____ _____ _____

435 – 176 = _____

f)
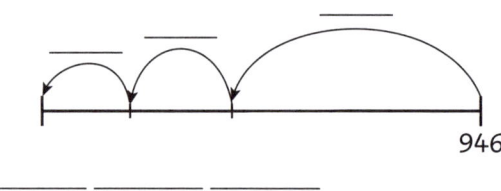

_____ _____ _____

946 – 496 = _____

► SB 48/49

③ Erst die Einer weg. Zerlege die Einer.
Dann die Zehner weg und dann die Hunderter weg.

a) 835 – 417 = _____

835 – 5 – 2 = _____

828 – 10 = _____

818 – 400 = _____

b) 556 – 239 = _____

556 – 6 – 3 = _____

_____ – _____ = _____

_____ – _____ = _____

c) 642 – 265 = _____

642 – __ – __ = _____

_____ – _____ = _____

_____ – _____ = _____

d) 913 – 636 = _____

_____ = _____

_____ = _____

_____ = _____

e) 721 – 345 = _____

_____ = _____

_____ = _____

_____ = _____

f) 833 – 455 = _____

_____ = _____

_____ = _____

_____ = _____

④ Rechne die Entdeckerpäckchen.

a) 745 – 336 = _____

735 – 337 = _____

725 – 338 = _____

_____ – _____ = _____

b) 525 – 119 = _____

425 – 118 = _____

325 – _____ = _____

_____ – _____ = _____

⑤ Finde ein Entdeckerpäckchen zu dieser Beschreibung.

Wenn die erste Zahl immer um 40 größer wird
und die zweite Zahl immer um 30 kleiner wird,
wird das Ergebnis immer um 70 größer.

_____ – _____ = _____

_____ – _____ = _____

_____ – _____ = _____

_____ – _____ = _____

Kombinatorik mit Baumdiagrammen

① Bei Milans Geburtstagsparty darf sich jedes Kind 2 Kugeln Eis aussuchen.
Es gibt Erdbeereis (E), Schokoeis (S) und Vanilleeis (V).

a) Zeichne ein Baumdiagramm.

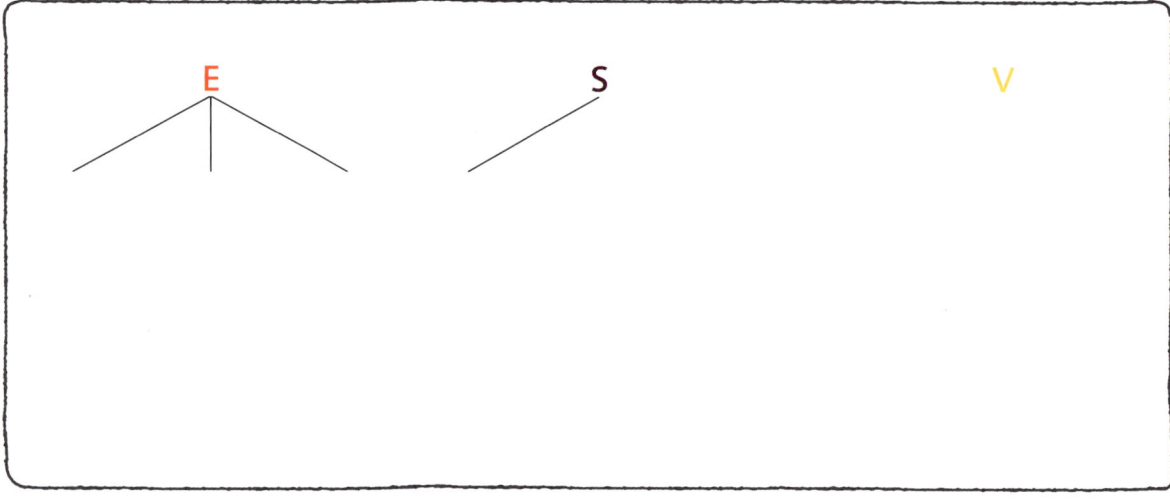

a) Wie viele Kombinationen gibt es? _____

b) Wie viele Kombinationen gibt es mit genau einer Kugel Schoko? _____

c) Wie viele Kombinationen gibt es mit nur einer Eissorte? _____

② Jedes Kind darf sich sein Eis mit Schokosoße (M) oder
ohne Schokosoße (O) wählen.

a) Zeichne ein Baumdiagramm.

b) Wie viele Kombinationen gibt es? _____

► SB 52/53

③ Bilde dreistellige Zahlen mit diesen Zahlenkarten.
Du darfst jede Karte nur einmal benutzen.

5 6 7

Wie viele Kombinationen gibt es? _____

④ Bilde dreistellige Zahlen mit diesen Zahlenkarten.
Du darfst jede Karte nur einmal benutzen.

5 6 7 8

Wie viele Kombinationen gibt es? _____

⑤ Bilde dreistellige Zahlen mit diesen Zahlenkarten.
Du darfst jede Karte nur einmal benutzen.

5 6 6 8

Wie viele Kombinationen gibt es? _____

① Lisa hat 4 Minuten lang mit einem Würfel gewürfelt.

1	2	3	4	5	6
ЖЖ ЖЖ ||	ЖЖ IIII	ЖЖ ЖЖ III	ЖЖ ЖЖ	ЖЖ ЖЖ ||	ЖЖ III

Kreuze an	richtig	falsch
Lisa hat die 3 am häufigsten gewürfelt.	☐	☐
Lisa hat die 2 am seltensten gewürfelt.	☐	☐
Lisa hat die 1 und die 3 gleich häufig gewürfelt.	☐	☐
Lisa hat die 1 und die 5 gleich häufig gewürfelt.	☐	☐
Lisa hat insgesamt 74 mal gewürfelt.	☐	☐
Lisa hat insgesamt 64 mal gewürfelt.	☐	☐

② Momo hat 4 Minuten lang mit 2 Würfeln gewürfelt.

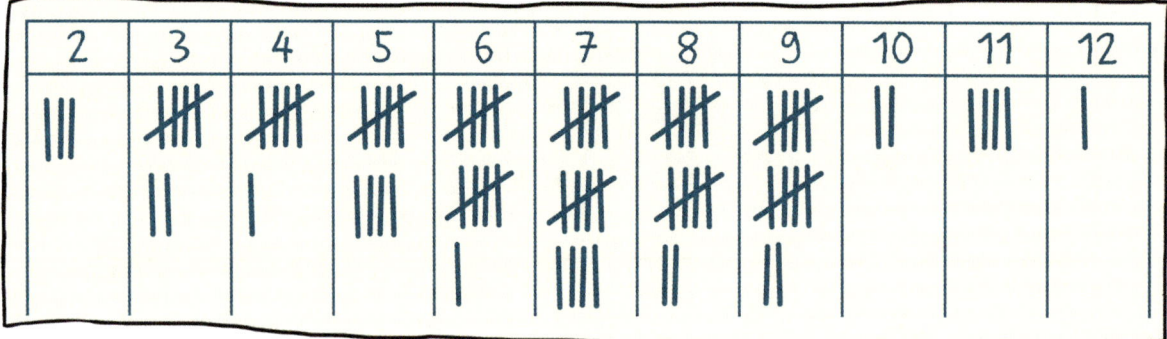

2	3	4	5	6	7	8	9	10	11	12
III	ЖЖ II	ЖЖ I	ЖЖ IIII	ЖЖ ЖЖ I	ЖЖ ЖЖ IIII	ЖЖ ЖЖ II	ЖЖ ЖЖ II	II	IIII	I

Trage ein.

Momo hat die Summe _____ am seltensten gewürfelt.

Momo hat die Summe _____ und die Summe _____ gleich häufig gewürfelt.

Momo hat die Summe _____ am häufigsten gewürfelt.

Momo hat _____ mal die Summe 4 gewürfelt.

Momo hat _____ mal eine gerade Summe gewürfelt.

Momo hat _____ mal eine ungerade Summe gewürfelt.

Momo hat 11 mal die Summe _____ gewürfelt.

Momo hat die Summe 9 häufiger gewürfelt als die Summe _____ .

► SB 54/55

Preise zuordnen (1)

① Schreibe die Preise in die Tabelle.

Tomaten 　Karotten 　Zwiebeln

1	0,35 €
2	
3	
4	
5	
6	
7	
8	

1	0,15 €
2	
3	
4	
5	
6	
7	
8	

1	0,11 €
2	
4	
6	
8	
10	
12	
14	

② Schreibe die Preise in die Tabelle.

Gurken 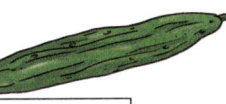　Paprika 　Salat

1	
2	
3	
4	3,20 €
5	

2	
4	1,80 €
6	
8	
10	

1	0,60 €
2	
4	
8	
16	

③　a) 5 große Kiwis kosten 0,89 €. Wie viel kosten 10 Kiwis? _____

　　b) 8 Bananen kosten 4,80 €. Wie viel kosten 2 Bananen? _____

Preise zuordnen (2)

① Wie viele Brötchen haben die Kinder gekauft?
Löse mit Hilfe der Tabelle.

 Körner-brötchen 0,70 €   Rosinen-brötchen 0,65 €   Milch-brötchen 0,55 €    Käse-brötchen 0,75 €    Weizen-brötchen 0,45 €

a) Ich habe Körnerbrötchen und Rosinenbrötchen gekauft und 5,25 € bezahlt. Es sind 8 Brötchen.

Körner-brötchen	Rosinen-brötchen	Preis
1	7	5,25 €

b) Ich habe Käsebrötchen und Milchbrötchen gekauft und 5,95 € bezahlt. Es sind 9 Brötchen.

Käse-brötchen	Milch-brötchen	Preis

② Wie viele Brötchen hat Janek gekauft?
Löse mit deinem Weg.

Ich habe Weizenbrötchen und Milchbrötchen gekauft und 4,10 € bezahlt. Es sind weniger als 10 Brötchen.

40

▶ SB 57

①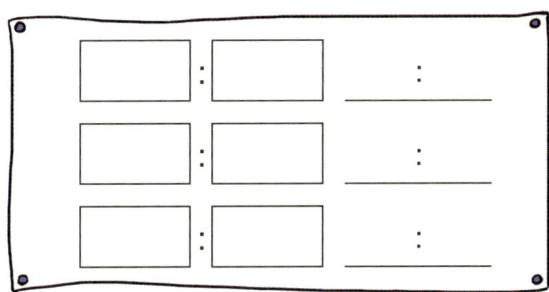

Die Mannschaften 2a, 2b und 2c spielen ein Turnier.
Sie spielen das Jeder-gegen-jeden-System.

a) Trage alle Spiele in den Turnierplan ein.

b) Schreibe die Informationen in den Turnierplan:

2b gewinnt gegen 2c mit 4 : 2.　　　2a verliert gegen 2b mit 0 : 1.

2c gewinnt gegen 2a mit einem Tor Unterschied.

c) Welche Mannschaft hat die meisten Spiele gewonnen? _____

d) Jedes Spiel dauert 10 Minuten.
　 Wie lange dauert das Turnier? _____

②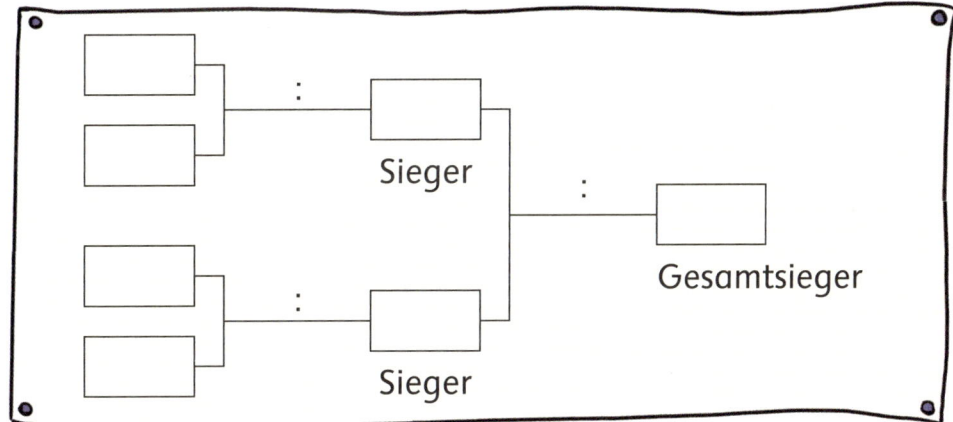

a) Schreibe die Informationen in den Turnierplan:

3a spielt gegen 3b.　　　4a spielt gegen 4b.

4a gewinnt mit 0 : 1.　　　Der Gesamtsieger ist 3b.

b) Wer ist der Sieger in dem Spiel 3a gegen 3b? _____

c) Welche Ergebnisse sind möglich? _____

d) Im letzten Spiel schießen die Sieger 3 Tore mehr als ihre Gegner.
　 Insgesamt werden 7 Tore geschossen.
　 Schreibe den Spielstand in den Turnierplan.

 Addiere schriftlich.

a)
```
   2 1 8
 + 3 4 1
```

b)
```
   4 3 5
 + 1 2 2
```

c)
```
   6 5 1
 + 2 3 7
```

d)
```
   1 4 8
 + 5 3 1
```

e)
```
   5 5 5
 + 3 3 3
```

f)
```
   1 7 2
 + 6 2 6
```

g)
```
   4 8 2
 + 2 1 7
```

h)
```
   3 3 6
 + 4 5 2
```

i)
```
   5 7 1
 + 2 2 4
```

j)
```
   8 1 1
 +   8 8
```

k)
```
   6 3 8
 + 2 5 0
```

l)
```
   1 3 7
 + 7 5 2
```

m)
```
   8 7 3
 + 1 0 6
```

n)
```
     5 5
 + 6 1 2
```

o)
```
   2 6 3
 + 4 2 6
```

 Rechne. Was fällt dir auf?

a)
```
   2 1 5
 + 1 2 0
```
```
   2 2 5
 + 1 2 0
```
```
 +
```
```
 +
```
```
 +
```

b)
```
   1 1 0
 + 1 3 5
```
```
   2 1 0
 + 1 4 5
```
```
 +
```
```
 +
```
```
 +
```

c)
```
   7 3 1
 + 2 1 7
```
```
   6 3 1
 + 2 2 7
```
```
 +
```
```
 +
```
```
 +
```

d) Beschreibe, was dir bei b) aufgefallen ist.

_____

_____

_____

_____

_____

42

▶ SB 62

① Addiere schriftlich. Denke an den Übertrag.

a)
```
  2 1 6
+ 4 2 8
```

b)
```
  7 3 9
+ 1 4 5
```

c)
```
  3 5 5
+ 4 6 1
```

d)
```
  1 6 8
+ 5 2 8
```

e)
```
  6 7 4
+ 2 6 2
```

f)
```
  5 3 7
+ 3 2 5
```

g)
```
  4 7 5
+ 2 8 3
```

h)
```
  3 3 7
+ 1 8 0
```

i)
```
  8 1 5
+ 1 7 7
```

j)
```
  5 8 9
+ 2 1 1
```

k)
```
  4 5 8
+ 3 6 4
```

l)
```
  1 3 3
+ 6 8 0
```

m)
```
  6 3 7
+ 2 2 4
```

n)
```
  5 6 3
+ 2 1 9
```

o)
```
  7 0 5
+ 2 7 8
```

② Rechne. Was fällt dir auf?

a)
```
  6 1 5
+ 1 6 7
```
```
  6 2 5
+ 1 7 7
```
+
+
+

b)
```
  3 9 4
+ 2 5 6
```
```
  4 9 4
+ 2 0 6
```
+
+
+

c)
```
  4 1 8
+ 2 2 3
```
```
  4 3 8
+ 2 5 3
```
+
+
+

d) Beschreibe, was dir bei c) aufgefallen ist.

_____

_____

_____

_____

_____

① a)
```
  7 4 8
+
─────────
1 0 0 0
```
b)
```
  3 9 2
+
─────────
1 0 0 0
```
c)
```
  5 1 6
+
─────────
1 0 0 0
```
d)
```
  2 5 7
+
─────────
1 0 0 0
```
e)
```
  8 2 5
+
─────────
1 0 0 0
```

f)
```
  4 3 1
+
─────────
1 0 0 0
```
g)
```
  1 7 3
+
─────────
1 0 0 0
```
h)
```
  6 9 2
+
─────────
1 0 0 0
```
i)
```
  3 8 8
+
─────────
1 0 0 0
```
j)
```
  9 1 9
+
─────────
1 0 0 0
```

② 816   609   215   97   67

115   88   488

206   324   555

99   78   401

491   311   197   83

a) Finde 5 Aufgaben mit zwei dreistelligen Zahlen.
   Addiere schriftlich.

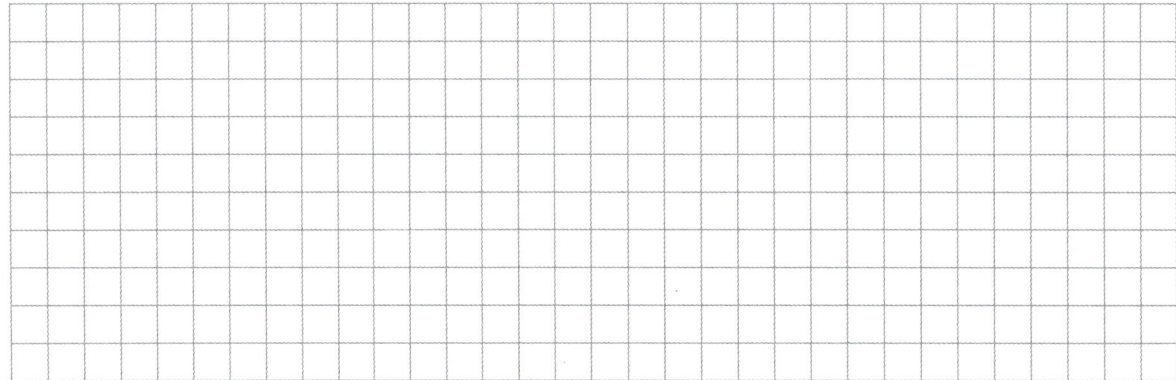

b) Finde 5 Aufgaben.
   Die erste Zahl ist dreistellig, die zweite Zahl ist zweistellig.
   Addiere schriftlich.

▸ SB 64/65

3 Finde die fehlenden Zahlen.

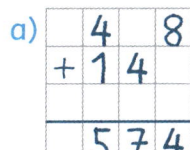

a)
```
   4 _ 8
 +   1 4
 ───────
   5 7 4
```

b)
```
     5 7
 + 2 _ 4
 ───────
   6 2 1
```

c)
```
   5 _ 9
 +   9 1
 ───────
   7 1 0
```

d)
```
   2 7
 +   1 8
 ───────
   6 9 5
```

e)
```
   1 _ 6
 +   6 2
 ───────
   7 5 8
```

f)
```
   3 _ 8
 + 2 8
 ───────
   6 0 2
```

g)
```
     2 7
 + 5 4
 ───────
   6 7 6
```

h)
```
   6 7
 +     6
 ───────
   7 6 1
```

i)
```
       9
 + 3 7 3
 ───────
   8 0 2
```

j)
```
   5 8 5
 +     5
 ───────
   7 3 9
```

4 Addiere schriftlich.

a)
```
   3 2 1
 + 1 3 3
 + 5 1 5
 ───────
```

b)
```
   2 1 1
 + 5 2 3
 + 1 8 6
 ───────
```

c)
```
   4 3 8
 + 1 8 1
 +   5 9
 ───────
```

d)
```
   1 6 4
 +   9 3
 + 4 2 7
 ───────
```

e)
```
       7 7
 + 1 3 4
 + 3 6 5
 ───────
```

f)
```
   2 6 5
 + 4 1 8
 + 1 4 2
 ───────
```

g)
```
   1 3 9
 + 3 4 2
 + 2 5 1
 ───────
```

h)
```
   7 7 7
 + 1 2 1
 +   5 9
 ───────
```

i)
```
   3 9 3
 + 2 3 6
 + 2 1 5
 ───────
```

j)
```
       9 9
 + 4 2 2
 + 1 0 3
 ───────
```

5 a) Finde die Summe aus 398 und 267.

b) Die Summe ist 854. Finde die erste und die zweite Zahl.

c) Die erste Zahl ist 255. Die zweite Zahl ist doppelt so groß.
   Finde die Summe.

d) Die zweite Zahl ist 476. Die Summe ist 815. Finde die erste Zahl.

e) Die Summe ist 854. Die erste Zahl ist 248. Die dritte Zahl ist 421.
   Finde die zweite Zahl.

① Subtrahiere schriftlich.

a)
```
  8 4 4
- 3 2 3
```

b)
```
  6 8 7
- 2 6 1
```

c)
```
  5 9 4
- 1 8 2
```

d)
```
  7 7 5
- 5 2 4
```

e)
```
  9 3 7
- 6 1 5
```

f)
```
  4 8 4
- 2 5 2
```

g)
```
  9 3 6
- 3 1 4
```

h)
```
  8 5 7
- 7 1 1
```

i)
```
  3 8 8
- 2 7 1
```

j)
```
  6 4 9
- 3 2 6
```

k)
```
  5 5 5
- 3 2 3
```

l)
```
  7 1 8
- 5 0 4
```

m)
```
  6 7 0
- 3 3 0
```

n)
```
  4 4 7
- 1 3 6
```

o)
```
  9 4 5
- 7 1 2
```

② Rechne. Was fällt dir auf?

a)
```
  8 9 5
- 3 8 4
```
```
  7 9 5
- 3 6 4
```

b)
```
  6 9 7
- 1 8 2
```
```
  6 8 6
- 2 7 2
```

c)
```
  4 5 5
- 2 5 4
```
```
  5 5 6
- 2 4 4
```

d) Beschreibe, was dir bei c) aufgefallen ist.

_____

_____

_____

_____

_____

▶ SB 66

① Subtrahiere schriftlich. Denke an den Übertrag.

a)
```
  4 5 3
- 2 3 6
```

b)
```
  7 1 6
- 3 4 5
```

c)
```
  5 8 2
- 1 6 9
```

d)
```
  8 6 1
- 4 3 7
```

e)
```
  6 3 5
- 2 5 1
```

f)
```
  9 1 8
- 5 6 7
```

g)
```
  3 2 1
-   9 7
```

h)
```
  8 3 5
- 3 6 7
```

i)
```
  4 7 6
- 2 6 7
```

j)
```
  5 0 4
- 1 1 6
```

k)
```
  6 1 6
- 3 3 7
```

l)
```
  4 7 0
- 2 8 1
```

m)
```
  5 4 1
- 1 9 9
```

n)
```
  3 7 7
-   8 8
```

o)
```
  7 4 3
- 4 6 9
```

② Rechne. Was fällt dir auf?

a)
```
  4 5 7
- 2 6 6
```
```
  5 0 7
- 2 5 5
```
```
-
```
```
-
```
```
-
```

b)
```
  3 0 5
- 2 1 9
```
```
  4 1 6
- 3 2 9
```
```
-
```
```
-
```
```
-
```

c)
```
  7 1 1
- 2 2 2
```
```
  7 1 0
- 3 3 3
```
```
-
```
```
-
```
```
-
```

d) Beschreibe, was dir bei b) aufgefallen ist.

_____

_____

_____

① Subtrahiere durch Ergänzen.

a)
```
  5 3 5
- 2 1 2
```

b)
```
  8 9 4
- 5 2 1
```

c)
```
  6 7 5
- 1 3 3
```

d)
```
  7 3 4
- 5 1 1
```

e)
```
  2 9 8
-   8 7
```

f)
```
  9 4 8
- 5 2 6
```

g)
```
  6 1 7
- 4 0 5
```

h)
```
  8 3 1
- 7 2 0
```

i)
```
  9 5 5
- 4 4 4
```

j)
```
  8 6 3
- 6 5 2
```

② Finde eigene Aufgaben und subtrahiere durch Ergänzen.

a)   b)   c)   d)   e)

③ Subtrahiere durch Ergänzen.

a)
```
  8 2 5
- 3 1 0
```
```
  8 3 6
- 3 2 1
```
```
  8 4 7
- 3 3 2
```
```
  8 5 8
- 3 4 3
```
```
  8 6 9
- 3 5 4
```

b) Beschreibe, was dir aufgefallen ist.

④ Finde 5 Aufgaben und subtrahiere durch Ergänzen.

843   769   588   123   315   667   222   416

▶ SB 68

① Subtrahiere durch Ergänzen. Denke an den Übertrag.

a)
```
  5 1 7
- 2 3 5
```

b)
```
  4 4 5
- 1 3 6
```

c)
```
  7 2 4
- 4 4 5
```

d)
```
  6 1 1
- 2 6 4
```

e)
```
  9 3 2
- 7 5 8
```

② Finde eigene Aufgaben mit Übertrag und subtrahiere durch Ergänzen.

a)
b)
c)
d)
e)

③ Subtrahiere durch Ergänzen.

a)
```
  5 3 5
- 3 5 3
```

```
  7 1 7
- 1 7 1
```

```
  4 3 4
- 3 4 3
```

```
  9 2 9
- 2 9 2
```

```
  8 4 8
- 4 8 4
```

b) Beschreibe, was dir aufgefallen ist.

_____

_____

_____

c) Finde die zweite Zahl und subtrahiere durch Ergänzen.

```
  6 2 6
-
```

```
  8 1 8
-
```

```
  7 3 7
-
```

```
  9 5 9
-
```

```
  4 1 4
-
```

d) Wie geht es weiter?

```
  2 1 2
- 1 2 1
```

```
  3 2 3
- 2 3 2
```

```
  4 3 4
- 3 4 3
```

```
-
```

```
-
```

1 a)

	8	1	5
−			
	3	5	9

	7	4	2
−			
	3	5	9

	6	6	4
−			
	3	5	9

	5	1	7
−			
	3	5	9

	9	4	3
−			
	3	5	9

b)

	5	1	8
−			
	2	8	9

	4	9	0
−			
	2	8	9

	8	7	2
−			
	2	8	9

	9	9	9
−			
	2	8	9

	4	7	5
−			
	2	8	9

2

703   812   89   79   631   717   416   96   239   196   88   321   913   287   299   397   69

a) Finde 5 Aufgaben mit zwei dreistelligen Zahlen.
   Subtrahiere schriftlich.

b) Finde 5 Aufgaben.
   Die erste Zahl ist dreistellig, die zweite Zahl ist zweistellig.
   Subtrahiere schriftlich.

▶ SB 70/71

③ a)
```
  8 1 5
- 5 1 8
```
b)
```
  6 3 1
- 1 3 6
```
c)
```
  5 4 2
- 2 4 5
```
d)
```
  7 7 3
- 3 7 7
```
e)
```
  6 9 4
- 4 9 6
```

 f) Was fällt dir auf? Erkläre.

| der Hunderter | das Ergebnis | der Unterschied | der Einer | der Zehner |

_____

_____

_____

_____

④ Finde eigene Aufgaben.

a) 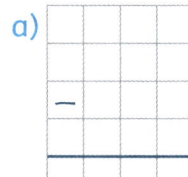   b) 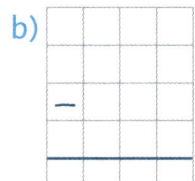   c) 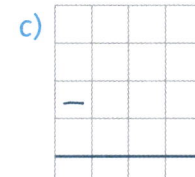   d) 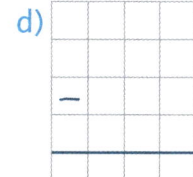   e)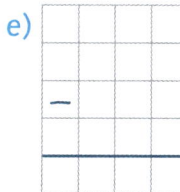

⑤ Finde die fehlenden Zahlen.

a)
```
  5 _ 6
-   5 8
  2 8 8
```
b)
```
    1 3 _
-   _ 4 _
  2 9 4
```
c)
```
  5 _ _
- 1 _ 7
  5 0 7
```
d)
```
  8 7 _
-   4 _ 5
  4 5 7
```
e)
```
  9 1 5
-     4 _
  3 6 6
```

f)
```
  6 7 8
-     8 _
  3 9 8
```
g)
```
  5 _ _
-   4 6
  2 7 8
```
h)
```
  _ 2 1
- 2 3 9
  1 8 2
```
i)
```
  5 0 3
-   _ _
    8 9
```
j)
```
    2 _
- 7 _ 2
  1 9 1
```

⑥ Die erste Zahl ist 823.
Die Differenz ist 276.
Finde die zweite Zahl.

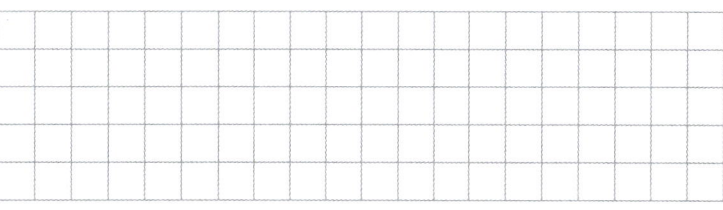

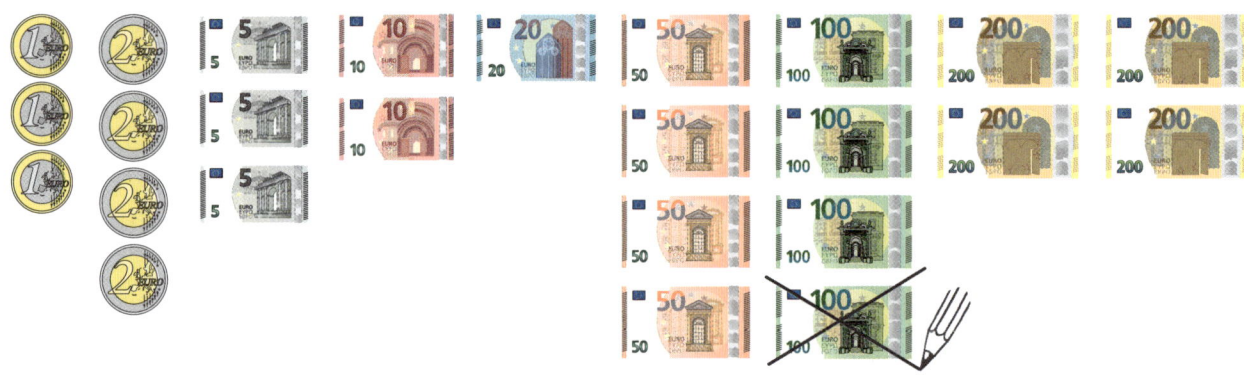

① Zeichne die Scheine und Münzen zu den Geldbeträgen.
Streiche sie dann oben weg.

125 € $\boxed{100 €}$ _____

254 € _____

471 € _____

516 € _____

② Stimmt oder stimmt nicht?

	stimmt	stimmt nicht
Ich kann 50 Euro mit drei Scheinen legen.	☐	☐
Ich kann 500 Euro mit zwei Scheinen legen.	☐	☐
Ich kann 216 Euro mit drei Scheinen und zwei Münzen legen.	☐	☐
Ich kann 325 Euro mit zwei Scheinen und drei Münzen legen.	☐	☐
Ich kann 999 Euro mit sechs Scheinen und fünf Münzen legen.	☐	☐

③ Immer 2 Scheine und 2 Münzen.
Welche Geldbeträge können es sein?

$\boxed{200 €}$ $\boxed{10 €}$ $\bigcirc 2€$ $\bigcirc 2€$ _214 €_ $\boxed{}$ $\boxed{}$ $\bigcirc$ $\bigcirc$ _____

$\boxed{}$ $\boxed{}$ $\bigcirc$ $\bigcirc$ _____ $\boxed{}$ $\boxed{}$ $\bigcirc$ $\bigcirc$ _____

$\boxed{}$ $\boxed{}$ $\bigcirc$ $\bigcirc$ _____ $\boxed{}$ $\boxed{}$ $\bigcirc$ $\bigcirc$ _____

①

	10 €	1 €	,	10 ct	1 ct	
a)			,			_____
b)			,			_____
c)			,			_____
d)			,			_____
e)			,			_____

②

	100 €	10 €	1 €	,	10 ct	1 ct	
a)				,			_____
b)				,			_____
c)				,			_____
d)				,			_____
e)				,			_____

③ Rechne in Euro um.
Schreibe als Kommazahl.

a) 985 ct = _____   b) 573 ct = _____   c) 46 ct = _____

601 ct = _____   61 ct = _____   3 ct = _____

740 ct = _____   202 ct = _____   1001 ct = _____

④ Rechne in Cent um.

a) 3,15 € = _____   b) 0,76 € = _____   c) 0,05 € = _____

6,73 € = _____   0,10 € = _____   1,03 € = _____

9,02 € = _____   8,05 € = _____   0,80 € = _____

① Ordne die Geldbeträge.
Beginne mit dem kleinsten Geldbetrag.

a) | 8,60 € | 14,60 € | 11,60 € | 1,16 € | 9,99 € | 11,16 € |

1,16 € < _____

b) | 581 ct | 58 ct | 901 ct | 91 ct | 501 ct | 910 ct |

_____

c) | 7,36 € | 367 ct | 6,73 € | 376 ct | 3,66 € | 737 ct |

_____

② Immer 10 €. Zeichne die fehlenden Münzen und Scheine.

a)

b)

c)

_____   _____   _____

③ Immer 10 €.

a) 4,50 € + _____ = 10 €   b) 3,10 € + _____ = 10 €

   5,60 € + _____ = 10 €   9,81 € + _____ = 10 €

   2,01 € + _____ = 10 €   7,07 € + _____ = 10 €

④ Wie viel Euro kosten die Gegenstände ungefähr?
Ordne zu.

| weniger als 1 € | zwischen 1 € und 100 € | mehr als 100 € |

► SB 77

Überschlag

① Wie viel muss Frau Koch bezahlen?

    a) Rechne zuerst einen Überschlag.

    b) Rechne genau.

SUPERMARKT	
Marmelade	1,69 €
Frischkäse	1,39 €
Honig	4,89 €
Gouda	2,99 €
Butter	1,79 €
Summe	

② Reichen 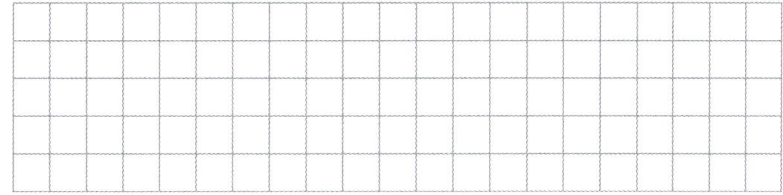 ?

Rechne zuerst den Überschlag. Rechne danach genau.

    a) Emira möchte einen Honig,
       einen Frischkäse und
       eine Marmelade kaufen.

    b) Matteo möchte drei Gouda
       und eine Butter kaufen.

③ Du hast nur 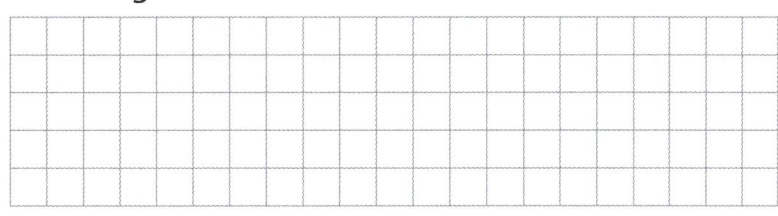 .

    a) Was möchtest du kaufen?

    b) Du möchtest möglichst wenig
       Rückgeld bekommen.
       Was kannst du kaufen?

► SB 78/79

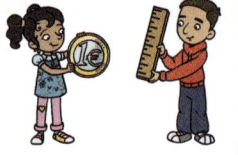

Sonderangebote

① Sind es Sonderangebote?

a)

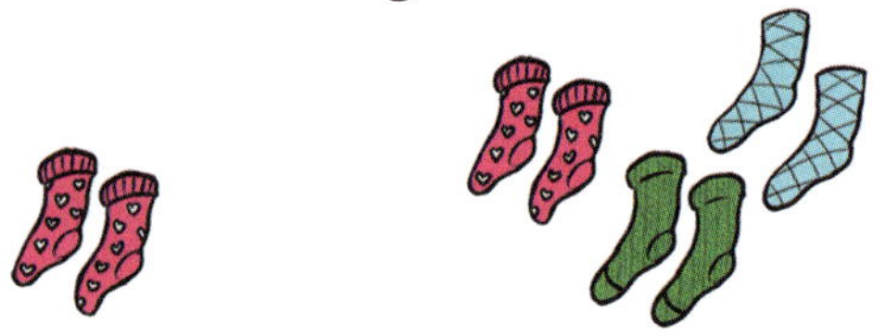

2,89 € 7,00 €

Meine Überlegungen:

☐ Ja ☐ Nein

b)

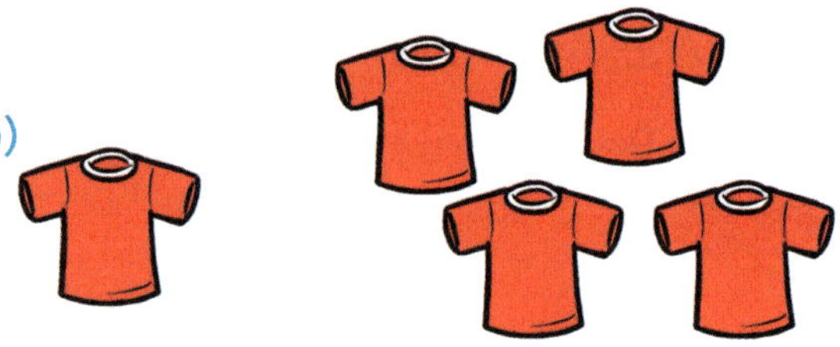

6,29 € 24,00 €

Meine Überlegungen:

☐ Ja ☐ Nein

c)

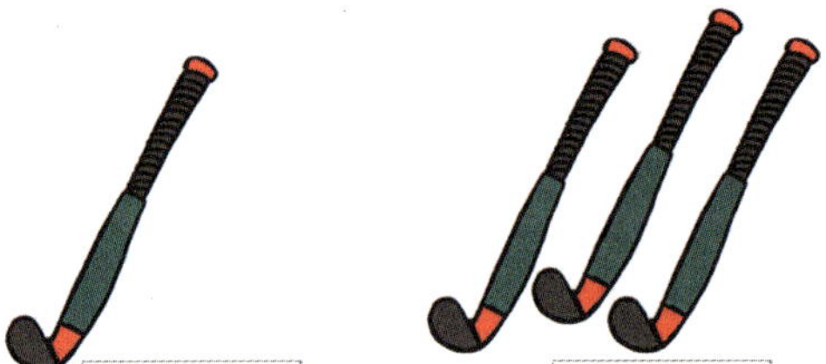

11,98 € 35,00 €

Meine Überlegungen:

☐ Ja ☐ Nein

d)

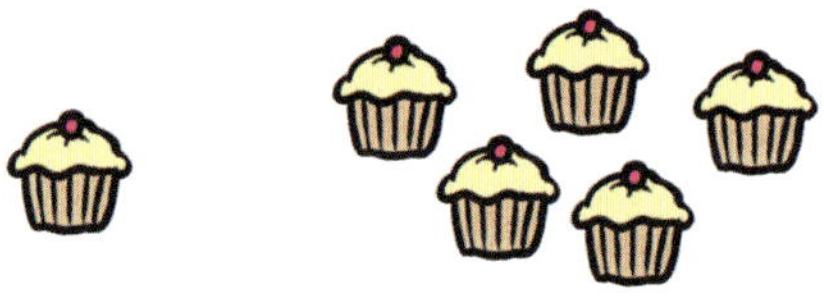

_____ € _____ €

Meine Überlegungen:

☐ Ja ☐ Nein

② Finde einen Preis, damit es ein Sonderangebot ist.

a)

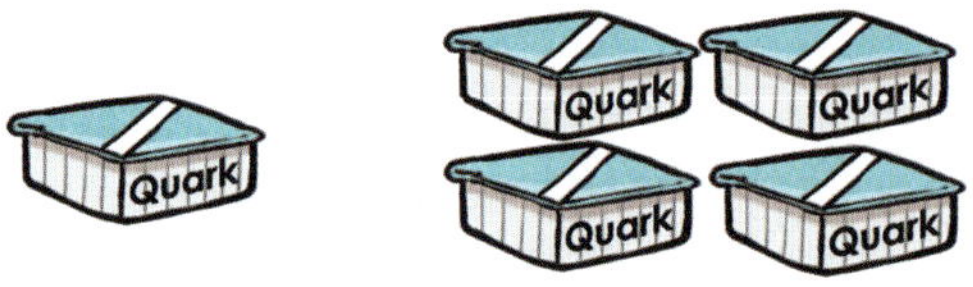

_____ € 2,48 €

Meine Überlegungen:

b)

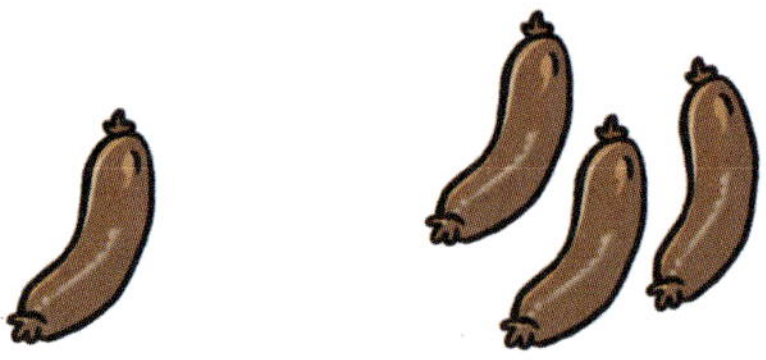

_____ € 3,60 €

Meine Überlegungen:

► SB 78/79

1 Lisa und Timo möchten sparen.

Lisa wirft am Montag eine 2-Münze in ihre Spardose.

Am Dienstag wirft sie zwei 2-Münzen in ihre Spardose,

am Mittwoch drei 2-Münzen. So geht es weiter bis zum Sonntag.

Timo wirft am Montag eine 1-Münze in seine Spardose.

Am Dienstag wirft er doppelt so viele 1-Münzen in seine Spardose.

Am Mittwoch wirft er doppelt so viele 1-Münzen wie am Dienstag hinein.

So geht es weiter bis zum Sonntag.

a) Vermute. Wer hat bis zum Sonntag mehr Cent gespart?

b) Wie viel Cent spart Lisa jeden Tag?
Wie viel Cent hat sie insgesamt gespart?
Fülle die Tabelle aus.

Lisa spart	Mo	Di	Mi	Do	Fr	Sa	So
Cent pro Tag							
Cent insgesamt							

b) Wie viel Cent spart Timo jeden Tag?
Wie viel Cent hat er insgesamt gespart?

d) An welchen Wochentagen werfen Lisa und Timo gleich viele Cent

in ihre Spardosen? _____

e) An welchen Wochentagen hat Lisa insgesamt mehr Cent gespart

als Timo? _____

f) Wie möchtest du sparen? Begründe. _____

_____

_____

① Zeichne die symmetrische Figur.

a)
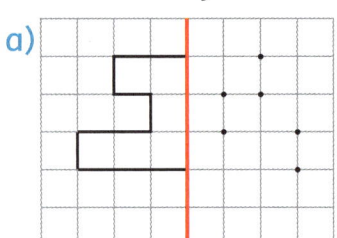

b)
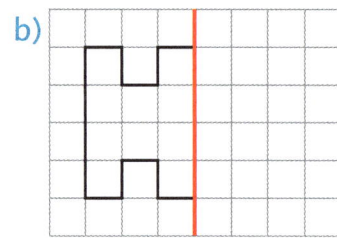

c)
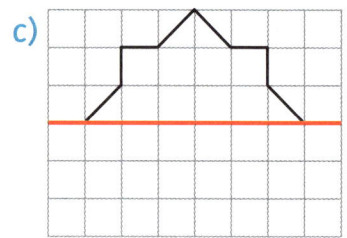

d)
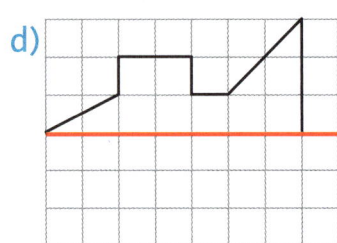

e)
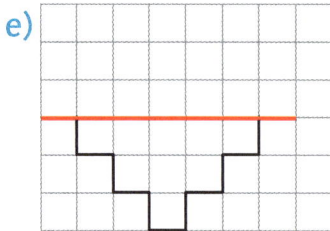

f)
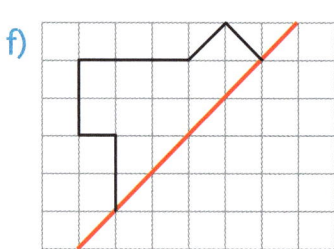

g)
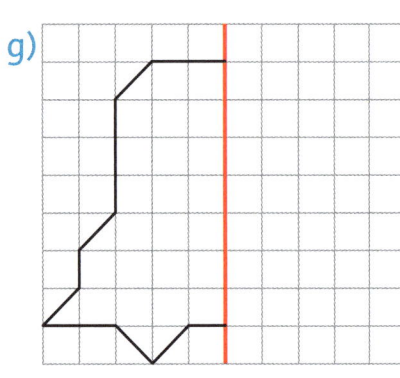

h)
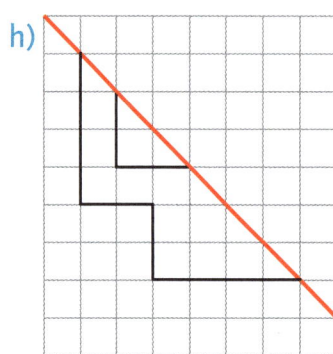

i)
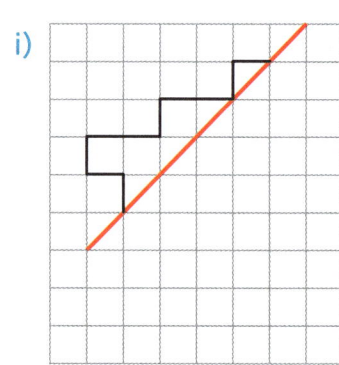

② Finde den Fehler.
Welche Figur ist nicht symmetrisch?

a)
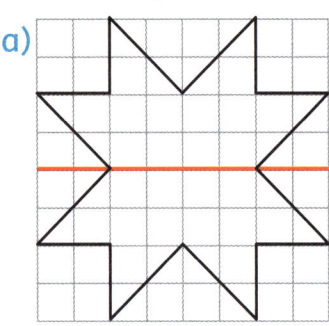

b)
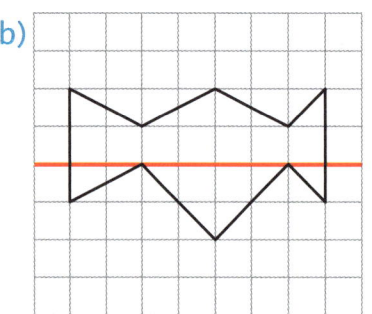

c)
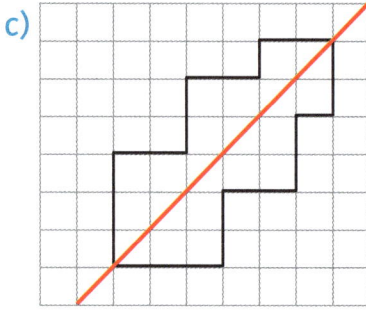

d) Zeichne die Figur und
ergänze symmetrisch.

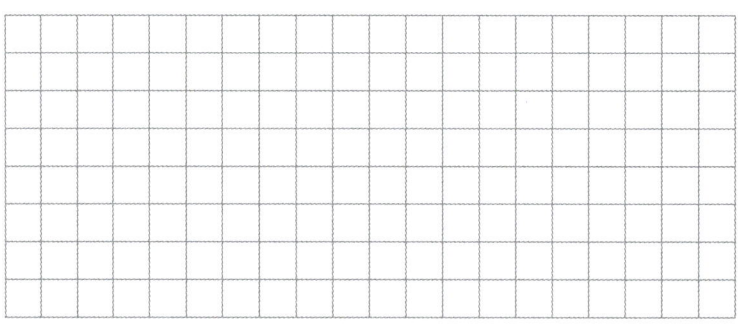

▸ SB 84

3 Zeichne die Symmetrieachsen in die Figur.

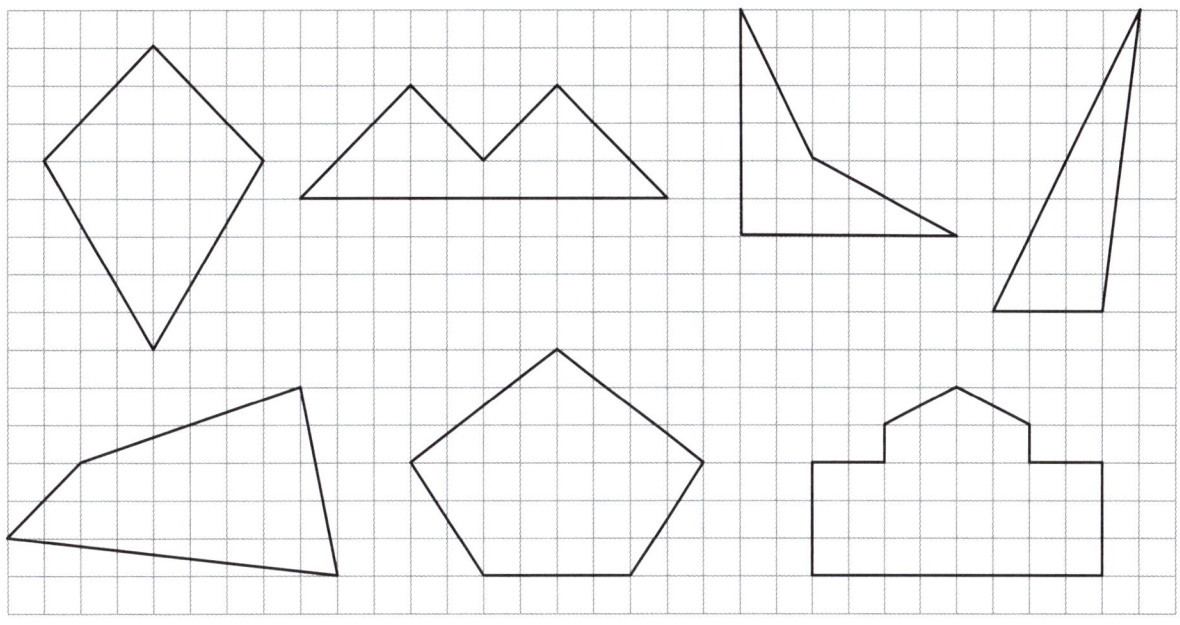

4 Zeichne das Spiegelbild zur Figur.

a) 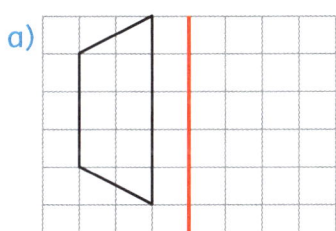 b) 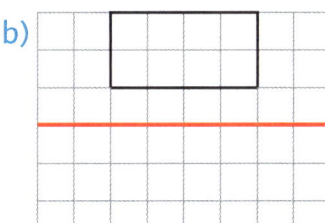 c)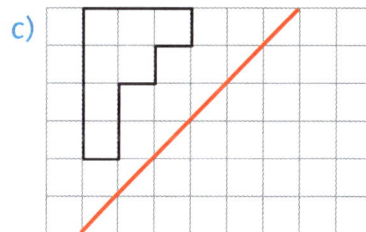

d) 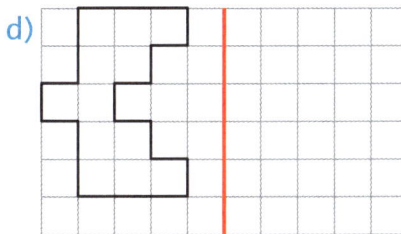 e) 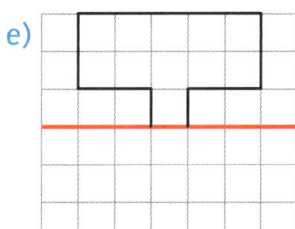 f)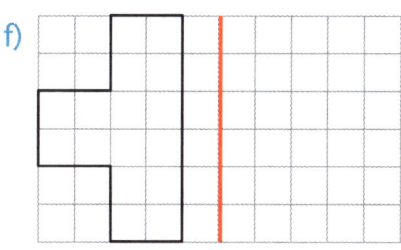

5 Spiegele alle Punkte an der Symmetrieachse.
Verbinde dann alle Punkte.

a) 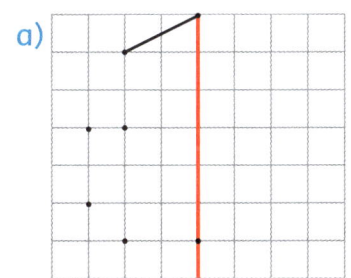 b) 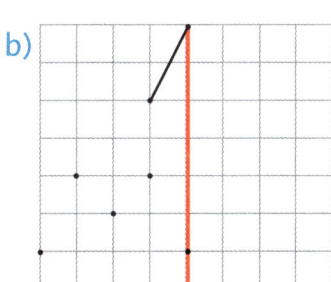 c)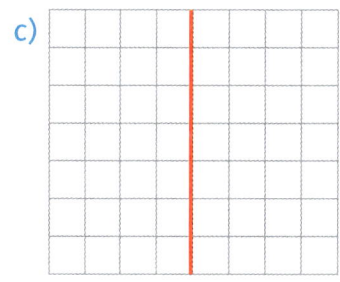

① a) Male die Musterkarten an.

b) Welche Formen entdeckst du?
Beschreibe dein Muster.

_____

_____

_____

_____

_____

_____

_____

_____

② a) Zeichne die Musterkarte weiter. Male das Muster an.

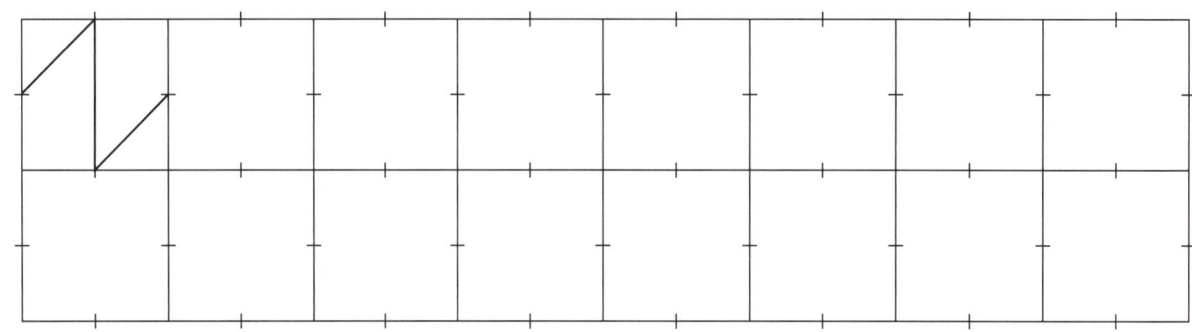

b) Welche Formen entdeckst du?

_____

c) Vergleiche dein Muster mit einem Partner.

③ Wie geht das Muster weiter? Zeichne und male.

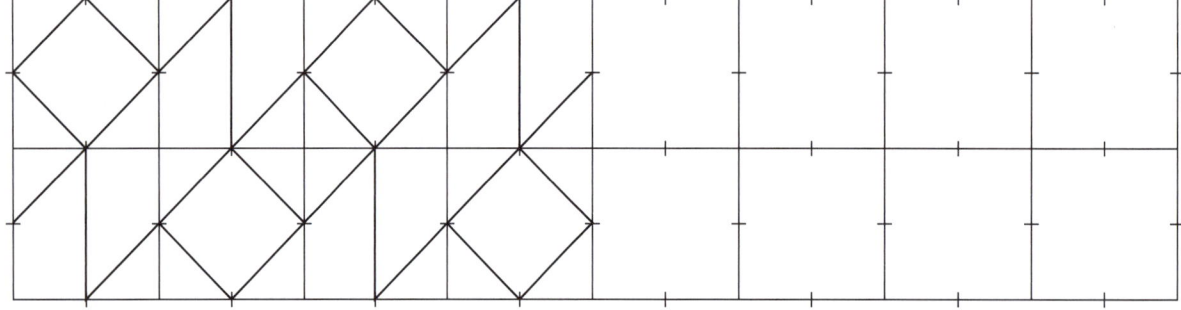

► SB 86/87

4 Die gleiche Musterkarte, aber zwei verschiedene Muster.

 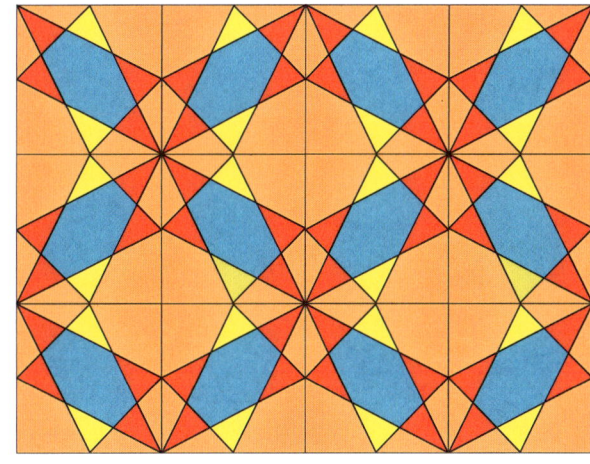

a) Zeichne die Musterkarte für beide Muster.

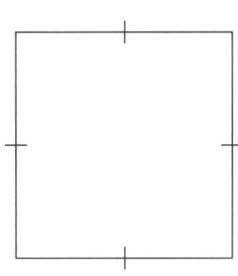

b) Beschreibe, was du entdeckt hast.

_____

_____

_____

5 Zeichne mit einer Musterkarte zwei verschiedene Muster.

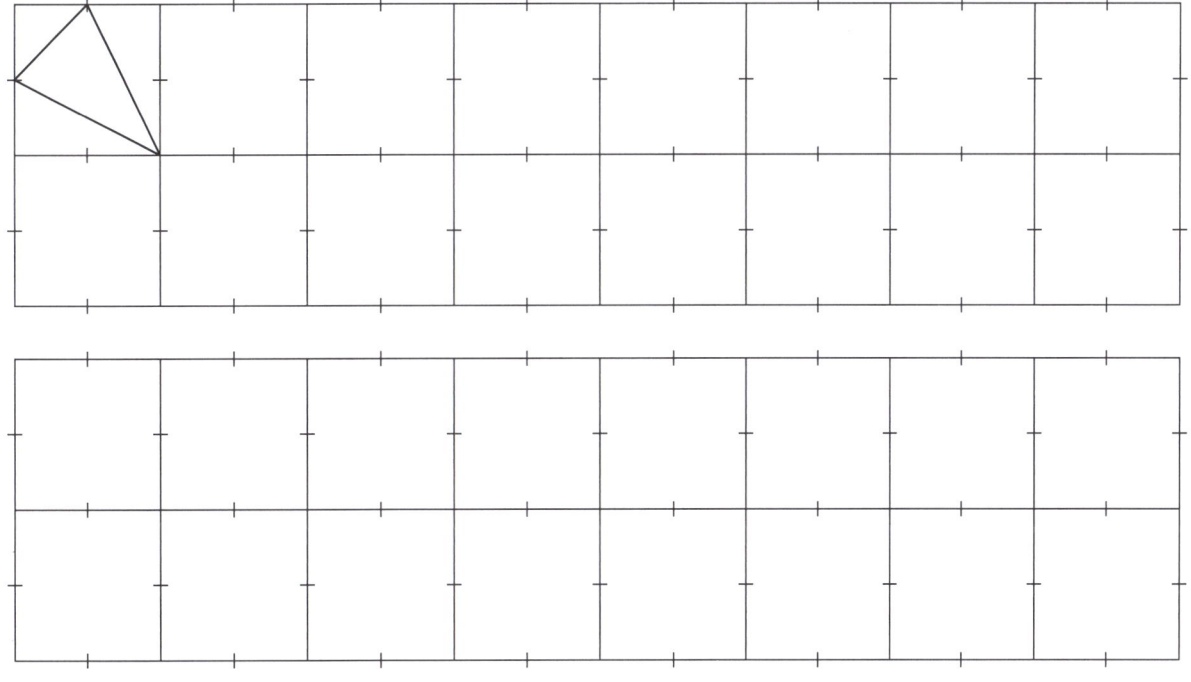

① Suche Muster in deiner Schule.
Zeichne ein Muster.

② a) Markiere die Ausgangsfigur.

b) Zeichne das Muster weiter und male es aus.

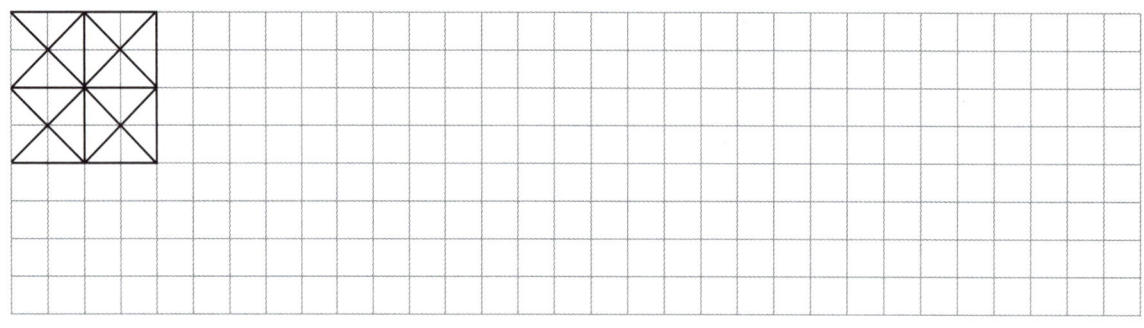

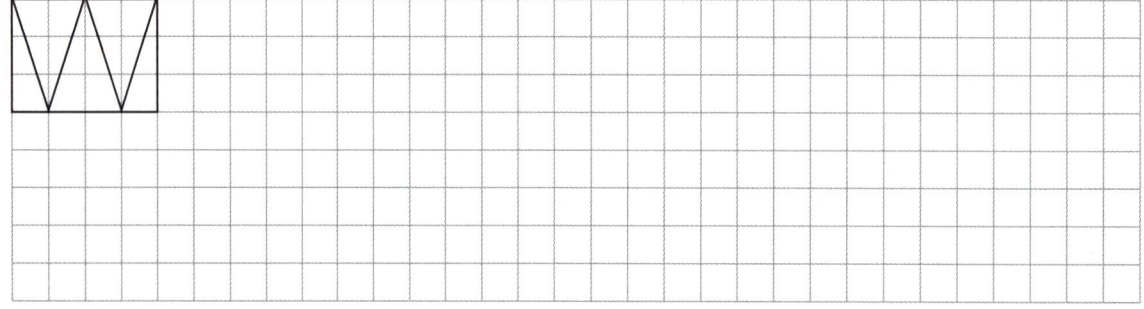

▶ SB 88/89

3 Markiere die Ausgangsfigur.
Male das Muster mit 2 Farben aus.

a)

b)
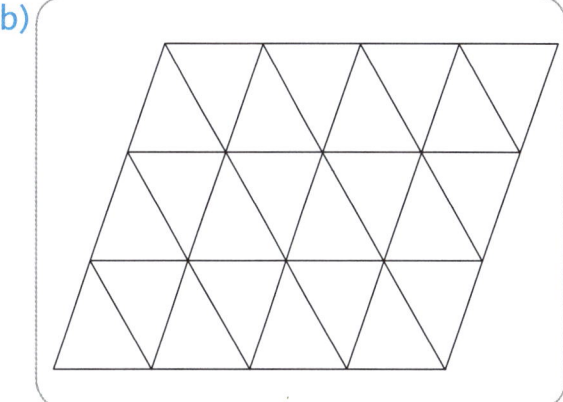

c)
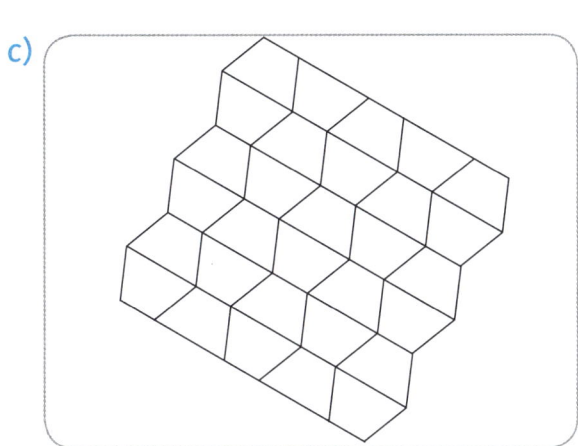

d)
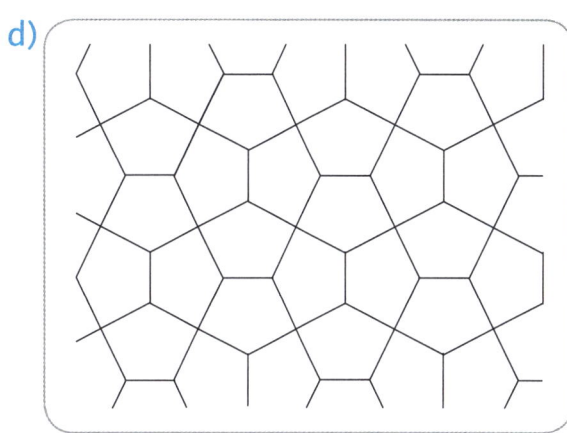

4 Die Ausgangsfigur besteht aus einem
Quadrat und zwei Dreiecken.

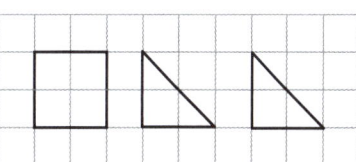

Zeichne eine Ausgangsfigur.
Zeichne dann ein Muster.

Mal-Plus-Häuser

① Rechne die Mal-Plus-Häuser.

a)
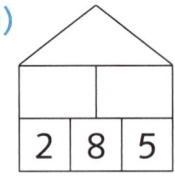
| 2 | 8 | 5 |

b)
| 9 | 4 | 6 |

c)
| 6 | 4 | 0 |

d)
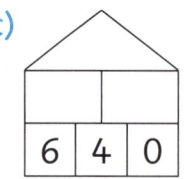
| | 12 | |
| 5 | 6 | |

e)
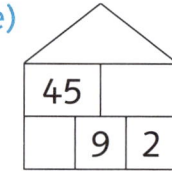
| 45 | | |
| | 9 | 2 |

f)
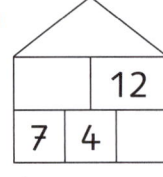
| | 12 | |
| 7 | 4 | |

g)
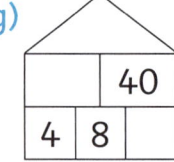
| | 40 | |
| 4 | 8 | |

h)
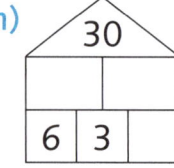
| 30 | |
| 6 | 3 |

i)
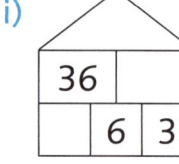
| 36 | | |
| | 6 | 3 |

j)
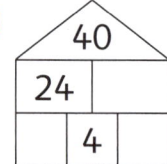
40	
24	
4	

② Schreibe die Zahlen an die richtige Stelle in einem Mal-Plus-Haus.

a)

| 5 | 15 | 36 |
| 21 | 3 | 7 |

b)
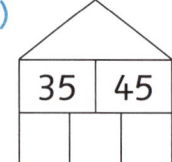

| 21 | 3 | 7 |
| 2 | 27 | 6 |

c)
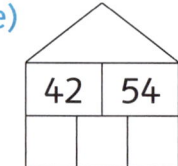

| 4 | 12 | 2 |
| 24 | 6 | 36 |

③ Finde die fehlenden Zahlen.

a)
| 24 | 18 |

b)
| 14 | 56 |

c)
| 35 | 45 |

d)
| 15 | 21 |

e)
| 42 | 54 |

f)
| 18 | 21 |

g)
| 36 | 24 |

h)
| 36 | 27 |

i)
| 10 | 8 |

j)
| 28 | 49 |

④ Schreibe eigene Mal-Plus-Häuser.

a)
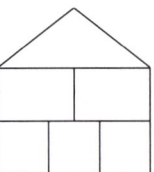

b)
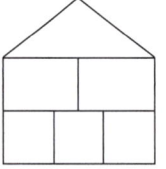

c)
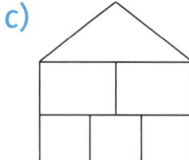

d)
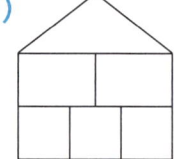

e)
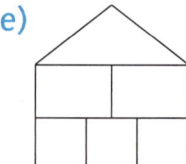

▸ SB 92/93

5 Finde zwei verschiedene Möglichkeiten.

a)
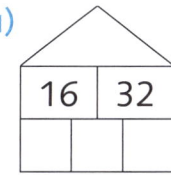 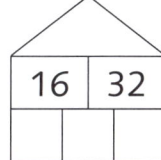

b)
 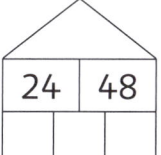

c)
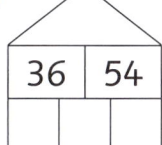 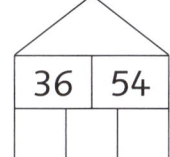

d)
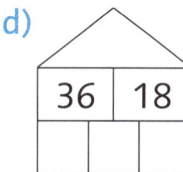 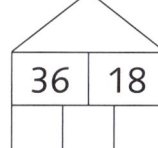

6 Rechne die Mal-Plus-Häuser.
Was entdeckst du?

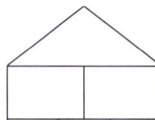 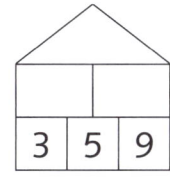 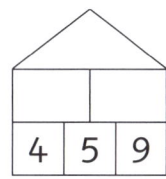 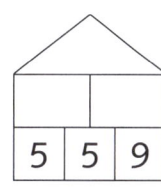 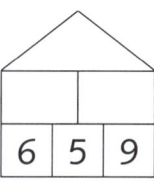

Die linke Kellerzahl wird immer _____.

Die linke Wohnungszahl wird immer _____.

Die Dachzahl wird immer _____.

7 Rechne die Mal-Plus-Häuser.
Was entdeckst du?

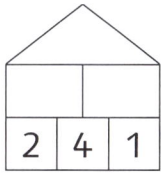 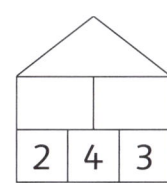 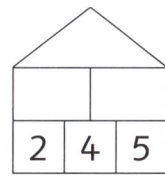 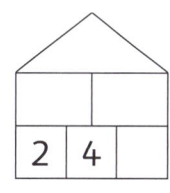 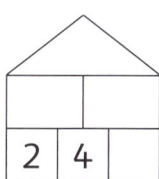

_____

_____

_____

_____

_____

_____

Vielfache und Teiler

① Finde Vielfache von

a) 2: _____

b) 3: _____

c) 4: _____

d) 5: _____

e) 6: _____

f) 7: _____

g) 8: _____

h) 9: _____

i) 10: _____

② Finde die gesuchte Zahl.

a) das Siebenfache von 6: _____   b) das Dreifache von 9: _____

c) das Vierfache von 5: _____   d) das Achtfache von 7: _____

e) das Einfache von 2: _____   f) das Fünffache von 3: _____

③ Finde alle Teiler.

a) 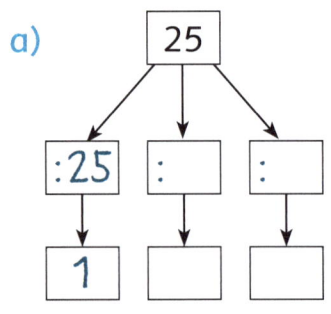   b)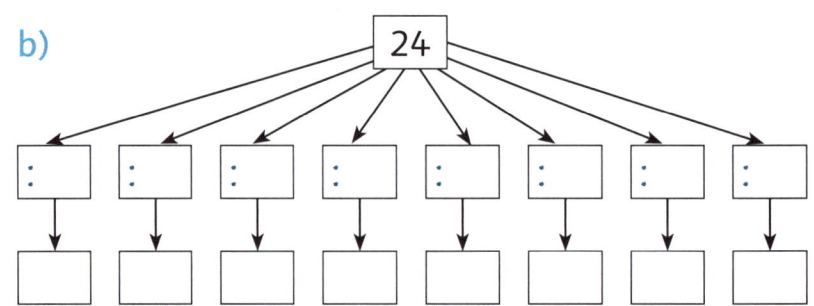

c) 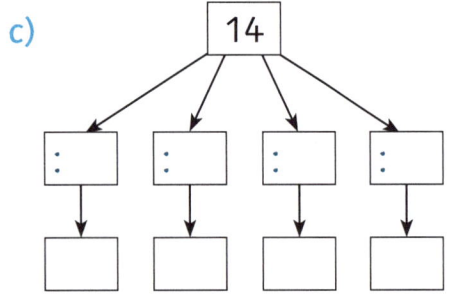   d)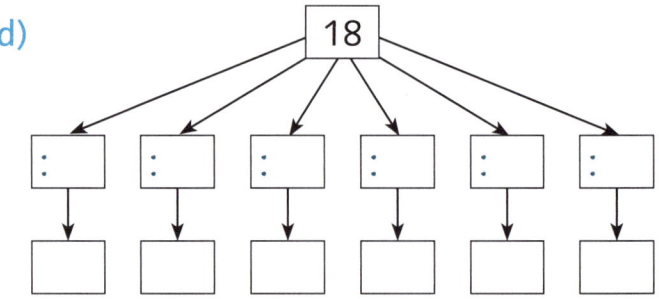

▸ SB 94/95

④ Streiche alle Vielfachen von 2, 3, 5 und 7 durch.
Die Zahlen 2, 3, 5 und 7 darfst du nicht durchstreichen.

2	3	4	5	6	7	8	9	10	11
12	13	14	15	16	17	18	19	20	21
22	23	24	25	26	27	28	29	30	31
32	33	34	35	36	37	38	39	40	41
42	43	44	45	46	47	48	49	50	51
52	53	54	55	56	57	58	59	60	61
62	63	64	65	66	67	68	69	70	71
72	73	74	75	76	77	78	79	80	81
82	83	84	85	86	87	88	89	90	91
92	93	94	95	96	97	98	99	100	101

⑤ a) Welche Zahlen sind nicht durchgestrichen? Male sie an.

b) Suche dir 5 Zahlen aus. Finde die Teiler.

_____

_____

_____

_____

_____

c) Was entdeckst du?

_____

_____

_____

① Rechne und denke an die Rechenregel.

a) 9 · 4 + 6 = ____

32 : 8 − 3 = ____

5 + 7 · 3 = ____

b) 49 − 3 · 6 = ____

32 + 4 · 7 = ____

16 + 24 : 6 = ____

c) 72 − 5 · 9 = ____

56 : 7 + 78 = ____

4 · 9 + 42 = ____

d) 27 : 3 − 5 = ____

56 + 4 · 3 = ____

8 · 9 − 32 = ____

e) 5 · 6 + 62 = ____

51 − 27 : 3 = ____

56 : 8 + 49 = ____

f) 64 + 9 · 4 = ____

32 : 4 − 5 = ____

76 + 56 : 7 = ____

② Finde die falschen Aufgaben und rechne richtig.

a) 3 + 7 · 8 = 60 _____

35 − 36 : 9 = 31 _____

25 − 4 · 3 = 14 _____

b) 48 − 2 · 6 = 35 _____

9 + 36 : 6 = 16 _____

64 + 2 · 3 = 70 _____

③ Was gehört zusammen?
Färbe mit derselben Farbe.

a)
4 · 9	21	51
7 · 8	14	68
6 · 5	32	70
2 · 4	17	25

(+) (=)

b)
2 · 8	15	8
7 · 4	17	6
3 · 5	8	13
8 · 4	9	15

(−) (=)

④ Setze die richtigen Rechenzeichen ⊕, ⊖, ⊙ oder ⊙ ein.

a) 4 ◯ 7 ◯ 8 = 36

64 ◯ 8 ◯ 24 = 32

49 ◯ 7 ◯ 5 = 2

16 ◯ 4 ◯ 3 = 28

56 ◯ 12 ◯ 4 = 53

b) 2 ◯ 9 ◯ 3 = 21

6 ◯ 4 ◯ 7 = 31

32 ◯ 4 ◯ 3 = 5

6 ◯ 7 ◯ 11 = 31

37 ◯ 27 ◯ 3 = 28

① Löse die Zahlenrätsel.

a)
Ich denke mir **eine Zahl**.
Sie ist ein Vielfaches von 7.
Sie liegt zwischen 20 und 25.

b)
Ich denke mir **eine Zahl**.
Sie liegt zwischen 30 und 35.
Sie hat die Teiler 2, 4 und 8.

c)
Ich denke mir **eine Zahl**.
Sie kann man durch 6
und 8 teilen. **Sie** ist größer
als 20 und kleiner als 30.

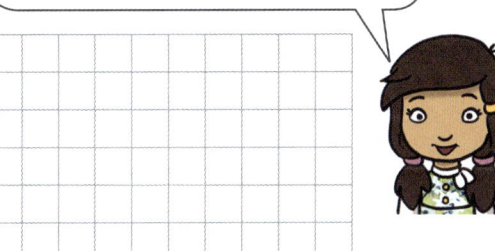

d)
Ich denke mir **eine Zahl**.
Sie ist ein Vielfaches von 2
und auch ein Vielfaches von 4.
Sie liegt zwischen 15 und 19.

e)
Ich denke mir **eine Zahl**.
Sie ist das Doppelte
von dem Ergebnis der
Multiplikationsaufgabe 4 · 7.

f)
Ich denke mir **eine Zahl**.
Sie ist die Hälfte
von dem Ergebnis der
Multiplikationsaufgabe 8 · 8.

▸ SB 94, 95, 97

Wie spät ist es?

① Welche Uhren passen zusammen?
Verbinde.

② Male die Zeiger der Uhr.

a) 5.20 Uhr

b) 7.40 Uhr

c) 14.15 Uhr

d) 20.45 Uhr

e) 18.23 Uhr

f) 9.31 Uhr

g) 10.47 Uhr

h) 23.11 Uhr

i) 6.52 Uhr

j) 3.13 Uhr

k) 17.58 Uhr

l) 13.29 Uhr

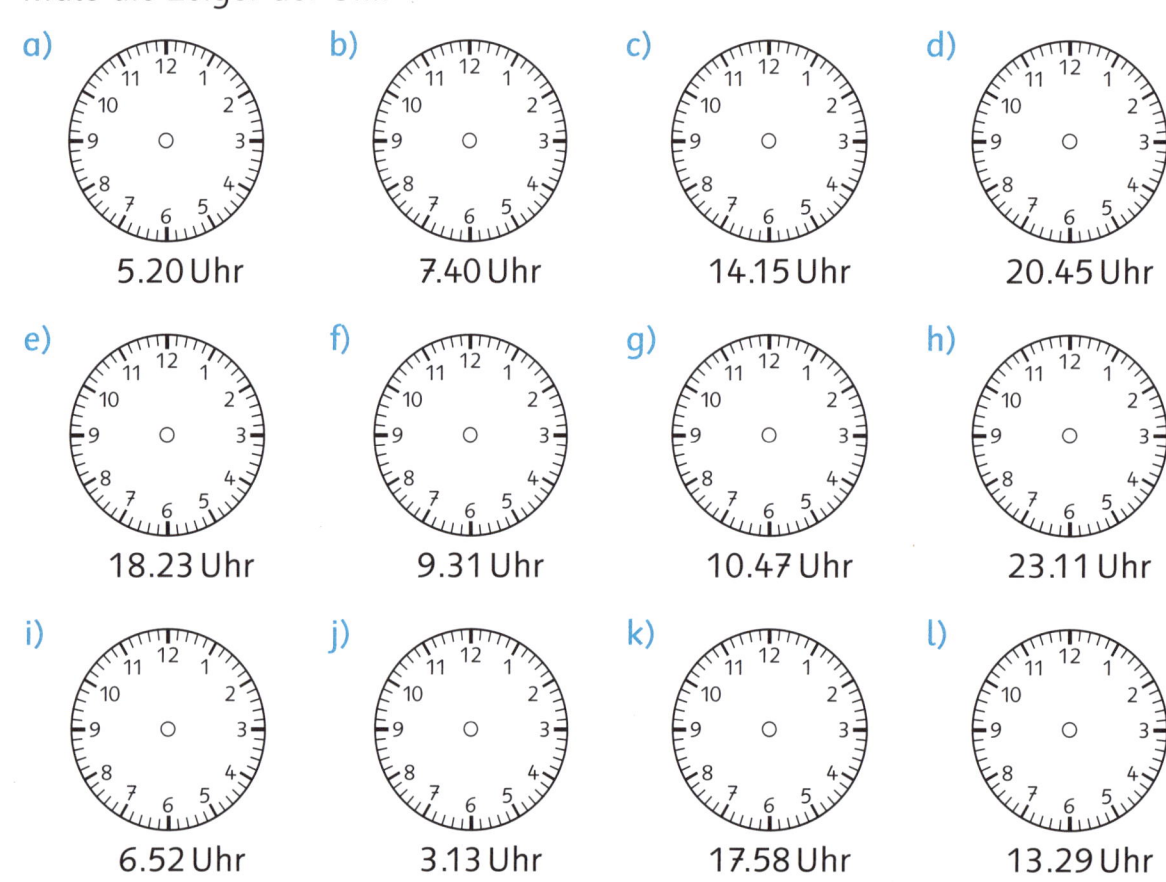

▶ SB 102

Zeitspannen

① Wie viele Minuten sind vergangen?

a) 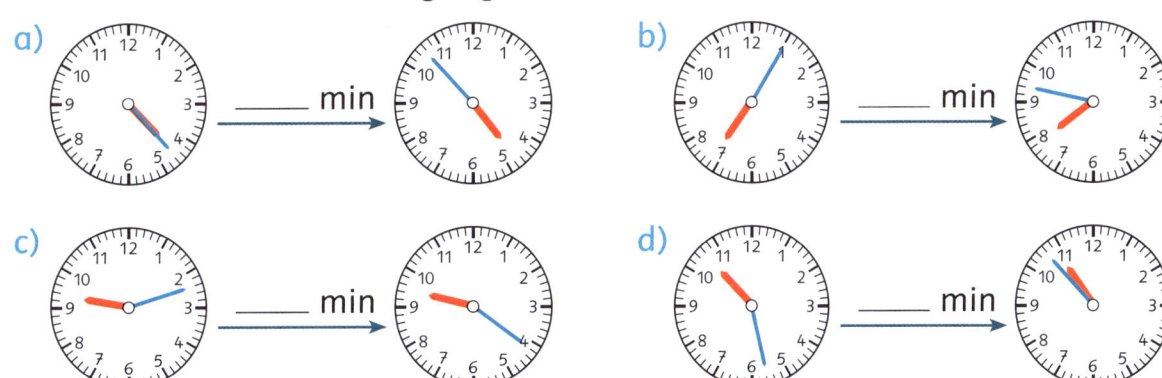 _____ min

b) _____ min

c) _____ min

d) _____ min

② Wie spät ist es?
Male die Zeiger in die Uhr.

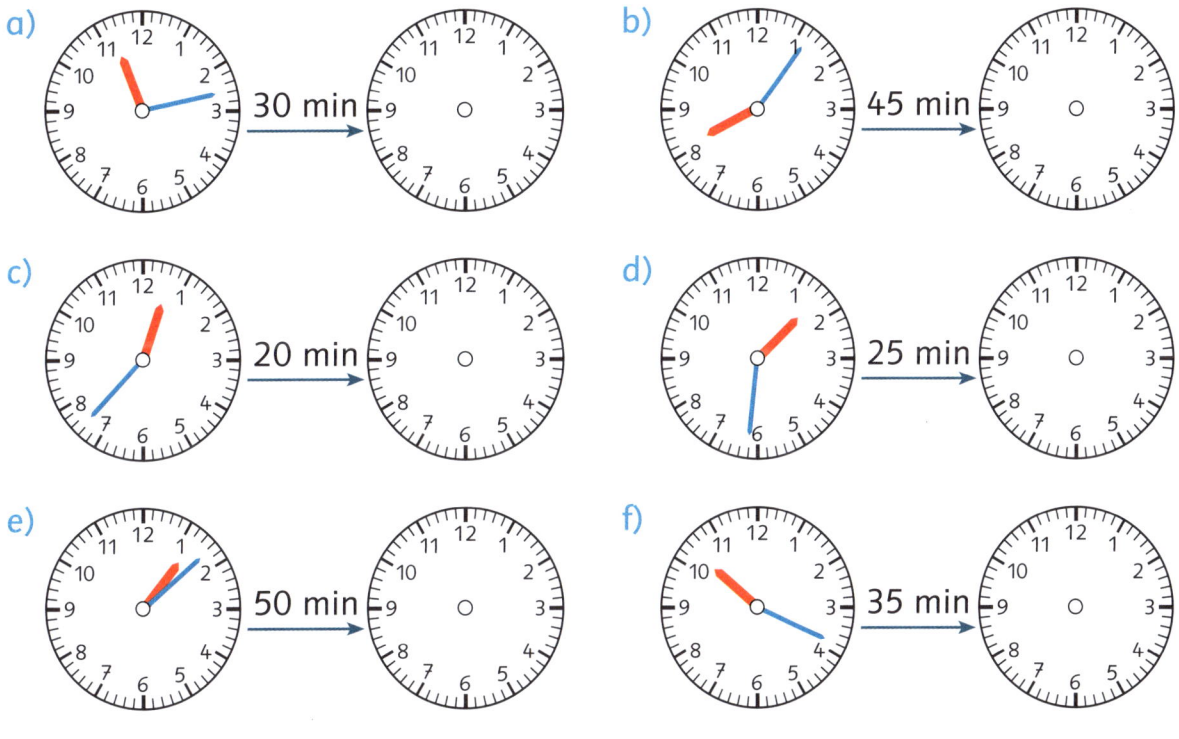

a) 30 min

b) 45 min

c) 20 min

d) 25 min

e) 50 min

f) 35 min

③ Lies den Text.
Setze die passenden Angaben ein.

| 5 Minuten | 7.30 Uhr |
| 15 Minuten | 5 Stunden |
| 13.30 Uhr |

Umut geht jeden Tag zu Fuß zur Schule. Um _____

geht er zu Hause los. Umut braucht für den Weg

ungefähr _____. Bei schlechtem Wetter fährt sein Vater

ihn zur Schule. Dann brauchen sie _____ weniger.

Der Schultag dauert ungefähr _____ und endet um _____.

Sekunden

① Welche Stoppuhren passen zusammen?
Verbinde.

② Male den Zeiger der Stoppuhr.

a)
23 Sekunden

b)
52 Sekunden

c)
17 Sekunden

d)
49 Sekunden

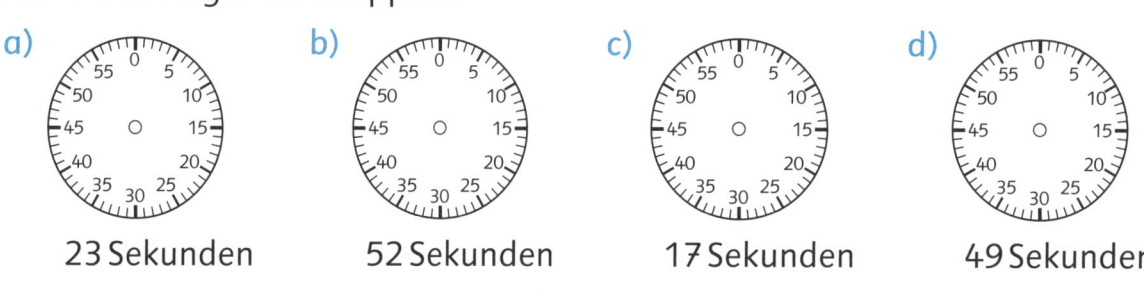

③ Einige Kinder der Klasse 3 haben an einem 100-Meter-Lauf teilgenommen.
Wer hat die Plätze 1 bis 4 belegt?

Ich habe 15 Sekunden gebraucht.

Timo

Ich war 2 Sekunden schneller als Timo.

Emira

Ich war eine Sekunde langsamer als Emira.

Matteo

Ich war eine Sekunde schneller als Emira.

Umut

1. Platz: _____

Zeit: _____

2. Platz: _____

Zeit: _____

3. Platz: _____

Zeit: _____

4. Platz: _____

Zeit: _____

►SB 104

Die Kohlmeise im Frühling

Im Frühling baut die Kohlmeise ein Nest aus Moos, Wurzeln
und Grashalmen. Der Nestbau dauert ungefähr 4 Tage.
In das Nest legt das Weibchen 6 bis 12 Eier. Die Eier sind weiß
und haben rötliche Flecken. Das Weibchen brütet die Eier
und nach ungefähr 14 Tagen schlüpfen die Jungen.
Die Eltern füttern die Jungen und bringen alle 2 bis 3 Minuten
ein gefangenes Insekt. Die Kohlmeisen füttern ihre Jungen
ohne Pause von morgens 6 Uhr bis abends 21 Uhr.
Nach 15 bis 20 Tagen verlassen die Jungen das Nest. Sie
werden außerhalb des Nestes noch etwa 8 Tage lang gefüttert.
Dann sind die Jungen selbstständig.

① Kreuze an.

	richtig	falsch
Kohlmeisen legen 6 bis 12 Eier.	☐	☐
Kohlmeisen suchen 20 Stunden am Tag Futter.	☐	☐
Der Nestbau dauert 4 Tage.	☐	☐
Die Eier werden ungefähr 2 Wochen ausgebrütet.	☐	☐
Kohlmeisen bleiben nach dem Schlüpfen 8 Tage im Nest.	☐	☐

② Umut beobachtet, dass am 19. April 8 Kohlmeisen schlüpfen.

a) Wann hat das Weibchen die Eier gelegt?

_____

b) Wann haben die Eltern mit dem Nestbau begonnen?

_____

c) Wann sind die Jungen selbstständig?

_____

d) Wie viele Tage dauert es vom Nestbau bis zu dem Tag,
   an dem die Jungen selbstständig werden?

_____

April 2014
(4. Monat)

Mo		7	14	21	28
Di	1	8	15	22	29
Mi	2	9	16	23	30
Do	3	10	17	24	
Fr	4	11	18	25	
Sa	5	12	19	26	
So	6	13	20	27	

Mai 2014
(5. Monat)

Mo		5	12	19	26
Di		6	13	20	27
Mi		7	14	21	28
Do	1	8	15	22	29
Fr	2	9	16	23	30
Sa	3	10	17	24	31
So	4	11	18	25	

① Schreibe die Aufgaben und rechne.

a)
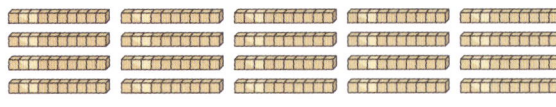

_____ · _____ = _____   _____ · _____ = _____

b)
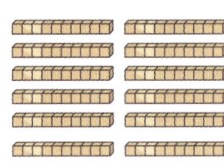

_____ · _____ = _____   _____ · _____ = _____

c)

_____ · _____ = _____   _____ · _____ = _____

② a) 2 · 4 = _____   b) 3 · 7 = _____   c) 5 · 9 = _____   d) 7 · 8 = _____

   2 · 40 = _____   3 · 70 = _____   5 · 90 = _____   7 · 80 = _____

③ Finde die Tauschaufgabe und rechne.

a) 5 · 60 = _____   b) 7 · 40 = _____   c) 8 · 30 = _____   d) 4 · 30 = _____

_____   _____   _____   _____

④ a)

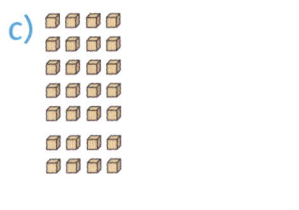

·	4	40
2		
6		
3		
7		

b)

·	3	30
7		
		180
	27	
4		

c)

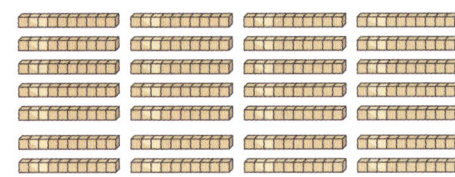

·		80
		560
	24	
5		
	32	

⑤ a) 3 · _____ = 270   b) _____ · 8 = 560   c) 420 = 6 · _____   d) 490 = _____ · 70

   5 · _____ = 300   _____ · 7 = 560   720 = 9 · _____   360 = _____ · 60

   7 · _____ = 420   _____ · 10 = 900   480 = 8 · _____   720 = _____ · 90

► SB 108

① Schreibe die Aufgaben und rechne.

a)

_____ : _____ = _____   _____ : _____ = _____

b)

_____ : _____ = _____   _____ : _____ = _____

c)

_____ : _____ = _____   _____ : _____ = _____

---

② a) $8 : 2 =$ _____ b) $15 : 3 =$ _____ c) $24 : 6 =$ _____ d) $36 : 9 =$ _____

$80 : 2 =$ _____ $150 : 3 =$ _____ $240 : 6 =$ _____ $360 : 9 =$ _____

---

③ a) $32 :$ _____ $= 4$ b) _____ $: 4 = 6$ c) $4 =$ _____ $: 5$ d) $7 = 42 :$ _____

$320 :$ _____ $= 40$ _____ $: 4 = 60$ $40 =$ _____ $: 5$ $70 = 420 :$ _____

---

④ a)

:	4	8
32		
320		
24		
240		

b)

:	3	6
18		
180		
24		
240		

c)

:	2	4
16		
160		
20		
200		

---

⑤ Welche Zahlen kannst du ohne Rest dividieren?
Kreise ein.

dividieren durch 30	dividieren durch 60	dividieren durch 80
30 90 240	60 360 160	80 480 240
270 60 130	490 600 120 420	640 160 580
190 210 300	240 540 320	340 720 400

① Rechne die Aufgabe und die Tauschaufgabe.

a)

_____

_____

b)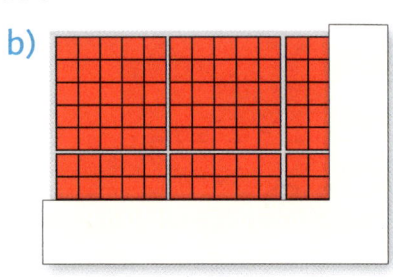

_____

_____

c)

_____

_____

d)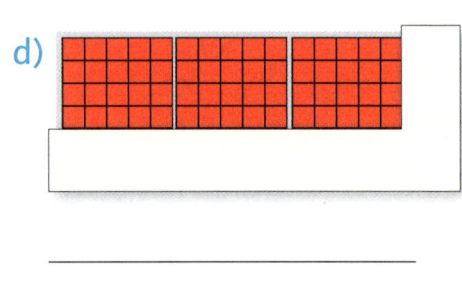

_____

_____

---

② Rechne in Schritten.

a) $5 \cdot 16 =$

b) $6 \cdot 17 =$

c) $14 \cdot 3 =$

d) $4 \cdot 26 =$

e) $3 \cdot 47 =$

f) $34 \cdot 9 =$

---

③ Immer 2 Aufgaben gehören zusammen.

a) Markiere sie in der gleichen Farbe.

b) Rechne zuerst die leichte Aufgabe.

$69 \cdot 9 =$ _____

$30 \cdot 4 =$ _____

$49 \cdot 3 =$ _____

$50 \cdot 3 =$ _____

$79 \cdot 5 =$ _____

$90 \cdot 6 =$ _____

$80 \cdot 5 =$ _____

$89 \cdot 6 =$ _____

$70 \cdot 9 =$ _____

$29 \cdot 4 =$ _____

► SB 110/111

Halbschriftlich Dividieren

① Rechne in Schritten.

a) _____ 98 : 7 = _____

_____ : 7 = _____

_____ : 7 = _____

b) _____ 112 : 8 = _____

_____ : 8 = _____

_____ : 8 = _____

c) _____ 56 : 4 = _____

_____ : 4 = _____

_____ : 4 = _____

d) _____ 96 : 6 = _____

_____ : 6 = _____

_____ : 6 = _____

e) _____ 64 : 4 = _____

_____ : 4 = _____

_____ : 4 = _____

f) _____ 57 : 3 = _____

_____ : 3 = _____

_____ : 3 = _____

② Rechne in Schritten.

a) _____ 258 : 3 = _____

_____ : 3 = _____

_____ : 3 = _____

b) _____ 310 : 5 = _____

_____ : 5 = _____

_____ : 5 = _____

c) _____ 108 : 4 = _____

_____ : 4 = _____

_____ : 4 = _____

d) _____ 378 : 7 = _____

_____ : 7 = _____

_____ : 7 = _____

e) _____ 186 : 6 = _____

_____ : 6 = _____

_____ : 6 = _____

f) _____ 592 : 8 = _____

_____ : 8 = _____

_____ : 8 = _____

③ Wähle immer 2 Zahlen und dividiere sie.
Wie viele Aufgaben findest du?

366   5   284

729   9   8   4   637   6   155   248   7

729 : 9 =

① Ein ausgewachsener Leopard ist so stark, dass er ein gleich schweres Beutetier auf einen Baum tragen kann.

Was könnte ich auf einen Baum hochtragen?

Antwort: _____

_____

_____

② Eine Anakonda gehört zu den größten lebenden Schlangen.
Sie wird bis zu 9 m lang und mehr als 200 kg schwer. Eine Anakonda bringt auf einmal bis zu 30 lebende Jungtiere auf die Welt.
Die Jungtiere sind ungefähr 70 cm lang und wiegen fast 400 g.

Kreuze an.	kann stimmen	stimmt nicht	keine Information
Anakondas sind die größten Schlangen.	☐	☐	☐
Anakondas bekommen weniger Jungtiere als Menschen Babys.	☐	☐	☐
Eine Anakonda ist länger als dein Klassenraum.	☐	☐	☐
Anakondas fressen Robben.	☐	☐	☐
Eine ausgewachsene Anakonda ist 10-mal so lang wie ihre Jungtiere.	☐	☐	☐
Anakondas legen wie viele andere Schlangen Eier.	☐	☐	☐
Eine Anakonda ist 10-mal so schwer wie du.	☐	☐	☐
Anakondas haben nur ganz kurze Haare.	☐	☐	☐
Die Muttertiere sind 50-mal so schwer wie eines ihrer Jungen.	☐	☐	☐
Du bist doppelt so groß, wie eine Anakonda lang ist.	☐	☐	☐

▶ SB 116

③ Finde die Lösung.

Zusammen haben wir 60 Karten.

a) Emira hat doppelt so viele Karten wie Umut.

Lösung:

Antwort: _____

b) Emira hat halb so viele Karten wie Umut.

Lösung:

Antwort: _____

c) Emira hat gleich viele Karten wie Umut.

Lösung:

Antwort: _____

d) Emira hat 10 Karten mehr als Umut.

Lösung:

Antwort: _____

④ Schreibe eine passende Rechengeschichte.

Zusammen haben wir 40 Karten.

_____

_____

_____

_____

_____

_____

① Ordne die Längen in der Tabelle und schreibe als Kommazahl.
Beginne mit der kürzesten Länge.

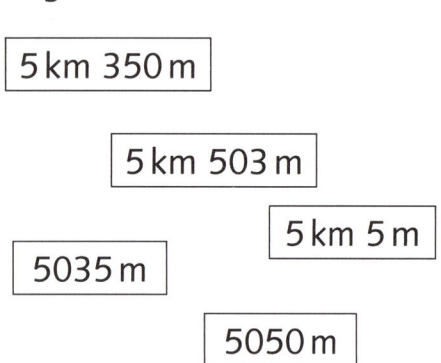

5 km 350 m

5 km 503 m

5 km 5 m

5035 m

5050 m

1 km	,	100 m	10 m	1 m
	,			
	,			
	,			
	,			
	,			

② Male gleiche Längen in der gleichen Farbe an.

7 km 75 m

7500 m

5,8 km   7,75 km   5800 m

0,775 m   0 km 755 m   7,5 km

7 km 500 m   7750 m

7 km 750 m   775 m

7075 m   7,075 km   5 km 800 m

③ Setze <, > oder = ein.

a) 8,05 km ◯ 8 km 500 m

8 km 500 m ◯ 8,5 km

8050 m ◯ 8 km 5 m

b) 2250 m ◯ 2,25 km

2 km 25 m ◯ 2250 m

2,025 km ◯ 2 km 500 m

c) 9,75 km ◯ 9 km 75 m

9075 m ◯ 9,075 km

9075 m ◯ 9 km 750 m

d) 4170 m ◯ 4 km 710 m

4710 m ◯ 4,170 km

4 km 17 m ◯ 4017 m

④ Immer 1 km.

a)

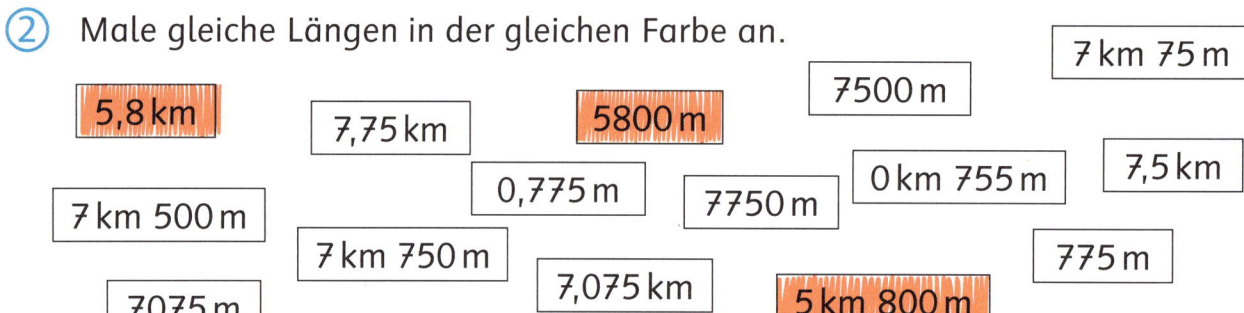

1 km	
500 m	
	750 m
600 m	
	870 m

b)

1 km	
675 m	
	490 m
785 m	
	982 m

▶ SB 121

Im Zoo

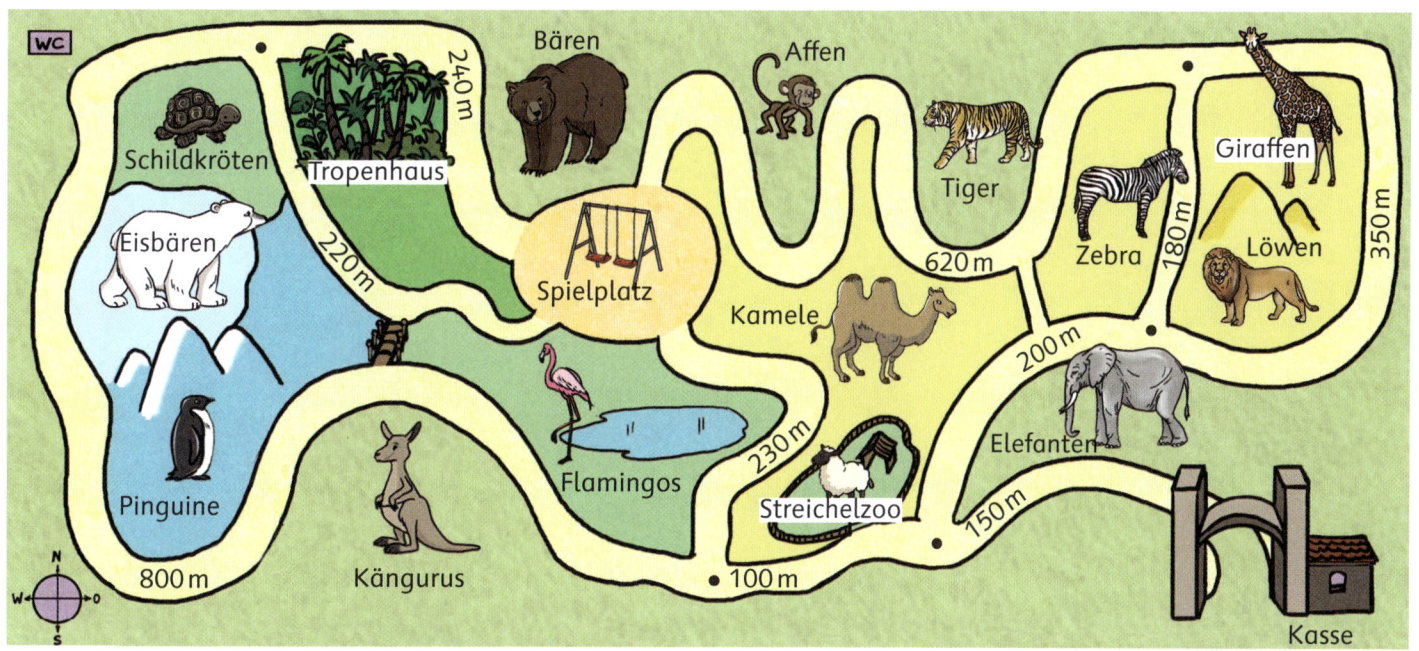

① Emira, Umut und Mia machen einen Ausflug in den Zoo.

a) Emira möchte die Kängurus sehen. Welchen Weg kann sie gehen?
An welchen Tieren kommt Emira vorbei?

_____

b) Wie weit ist es vom Eingang zum Spielplatz?

c) Umut geht vom Spielplatz zum Tropenhaus. Danach geht er zu den Pinguinen, dann weiter zum Streichelzoo. Wie lang ist der Weg?

② Mia möchte die Zebras, die Kamele, die Bären und die Affen sehen.

Welchen Rundweg kann sie gehen?

Wie lang ist der Weg?

Autobahnnetz
ausgewählte Strecken

84 ____ Autobahn mit Entfernungsangabe in km

Flensburg

177 **7**

116
Lübeck

Rostock

1

19

113

Wilhelms-
haven

125

Hamburg **24** 125
27

94 **29** Bremen

1
141

7
125

24
64

72

10
47 Berlin **10**

71 **1**

58

58 **12**

30
64 Osnabrück **30**
67 84

2 Hannover
47

2 60

92 **2**
8 **10** 44 13

39 50

Magdeburg

9

13
150

1
86

113 **2**
61

65 **3**

42 **40** 6
Duis-
burg **3**
66

2
Dort-
mund
14

9

146 **44** Kassel

14
108

117

14
96
Leipzig
14
14
16

94 **4**
Dresden

44 **17**

1
64 **45**

64

55

7

Erfurt

4
187

70 **9**

4
122 Chemnitz

Köln
84 10 61

4

96 **45**

75 **5**

Aachen

3
173

51

5

146

Frankfurt
am Main **7**

184

9

3 Würzburg
56 129

5

3 111

Mannheim

Saar-
brücken

6
32

72 Nürnberg

6 114

6 85

3 Regensburg

131

Karls-
ruhe

6
38 126

7

9
139 158

64

3

Stuttgart 94

153 **8**

92
118

5
185

Ulm

8

132

München **8**

86 68 **8**

Freiburg

125

7

93
25

Füssen

0   50   100 km

► SB 122/123

① Aus welchen Städten sind die Nummernschilder?

| D | B – NE 1910 |

_____

| D | F – JA 1209 |

_____

| D | DO – AX 1512 |

_____

| D | M – AR 1507 |

_____

| D | HH – ZE 2002 |

_____

| D | S – DM 2013 |

_____

② a) Wie weit ist es von Hamburg nach Hannover?

b) Wie weit ist es von Köln nach Nürnberg?

c) Wie weit ist es von Ulm nach Kassel?

③ Timo möchte mit seinen Eltern von Dortmund nach München fahren.

a) Welchen Weg können sie fahren? Wie lang ist der Weg?

b) An welchen Städten kommt Timo mit seinen Eltern vorbei?

_____

_____

④ Auf welchen Wegen kann man von Rostock nach Frankfurt am Main fahren?
Wie lang sind die Wege?

① Welche geometrischen Körper entdeckst du?

a)

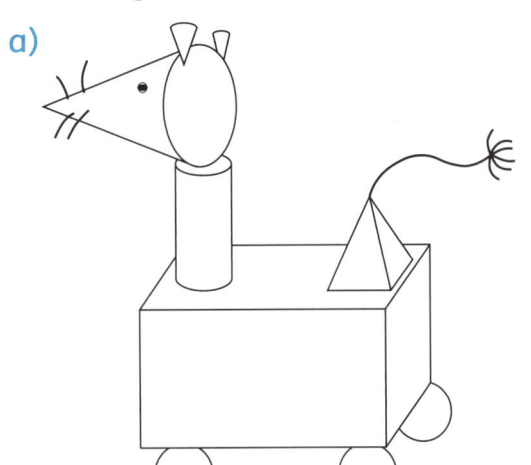

Der Kopf ist

_____

Der Hals ist

_____

Der Körper ist

_____

Die Beine sind

_____

b)

_____
_____
_____
_____
_____
_____
_____

② Finde Körper zu diesen Sätzen:

a) Der Körper hat keine Ecken und Kanten.

_____

b) Der Körper hat kreisförmige Flächen.

_____

c) Der Körper hat 6 Flächen.

_____

► SB 126

Kantenmodelle und Körper

① Ordne die Materialliste einem geometrischen Körper und einem Kantenmodell zu.

Materialliste:
– 12 gleich lange Strohhalme
– 8 Knetkugeln

Materialliste:
– 4 gleich lange Strohhalme (8 cm)
– 4 gleich lange Strohhalme (4 cm)
– 8 Knetkugeln

Materialliste:
– 8 gleich lange Strohhalme (4 cm)
– 5 Knetkugeln

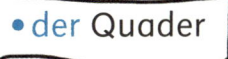 der Quader

 die Pyramide

 der Würfel

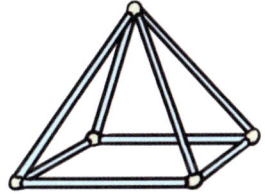

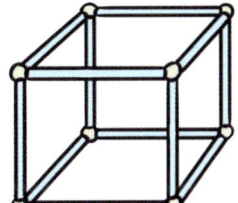

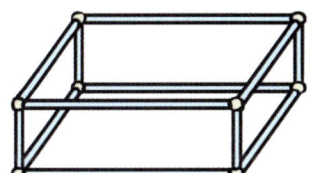

② Ordne jedem Körper die Flächen zu.
Male die Flächen in der passenden Farbe an.

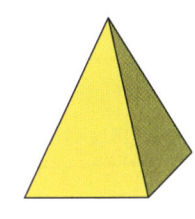

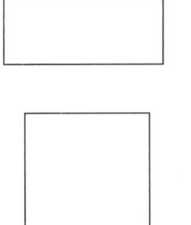

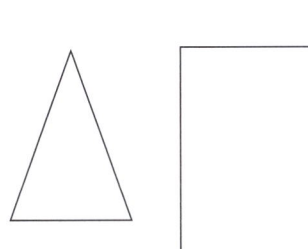

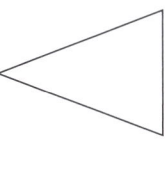

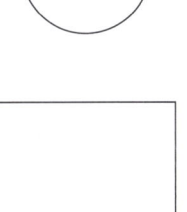

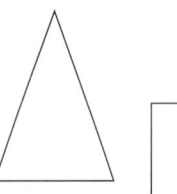

① Finde in deiner Umgebung Gegenstände mit folgenden Flächen:

a) quadratisch ☐ _____

_____

_____

b) rechteckig ▭ _____

_____

_____

c) dreieckig △ _____

_____

_____

d) kreisförmig ◯ _____

_____

_____

e) Vergleiche deine Ergebnisse mit einem Partner.

② Ordne die Sätze einem geometrischen Körper zu.
Verbinde.

Der Körper hat nur quadratischen Flächen.

Der Körper hat zwei kreisförmige Flächen.

Der Körper hat eine kreisförmige Fläche.

Der Körper hat rechteckige und quadratische Flächen.

Der Körper hat dreieckige Flächen.

• der Würfel   • der Quader   • die Pyramide   • der Zylinder   • der Kegel

▶ SB 128

③ Welche Flächen passen zum Körper?
Schreibe auf, wie viele Flächen der Körper jeweils hat.

	quadratisch □	rechteckig ▭	dreieckig △	kreisförmig ○
der Quader				
die Pyramide				
der Würfel				
der Zylinder				

④ Der Quader hat _____ Kanten und _____ Ecken.

Die Pyramide hat _____ Kanten und _____ Ecken.

Der Würfel hat _____ Kanten und _____ Ecken.

Der Zylinder hat _____ Kanten und _____ Ecken.

⑤ Zeichne das Schrägbild.

a)

b)

c)

d)

e)

f)

Verschiedene Ansichten

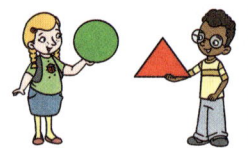

① Ordne dem Würfelgebäude die Ansichten zu.

a)

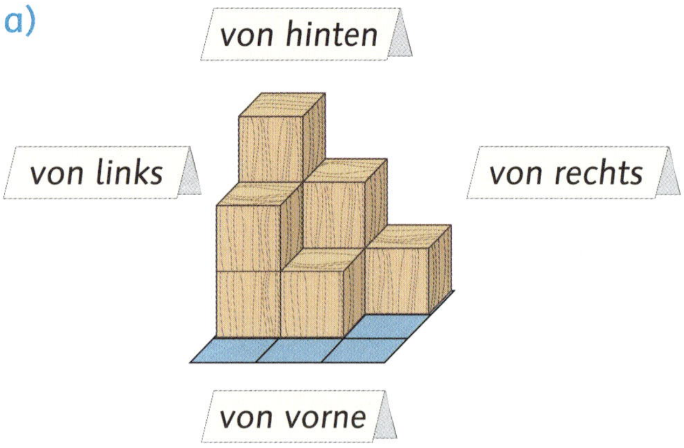

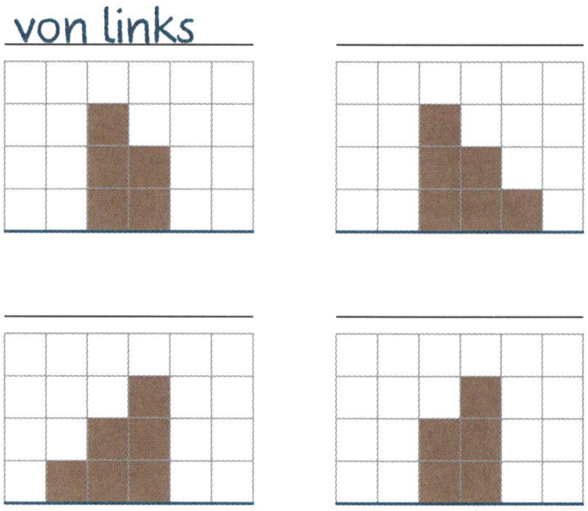

von hinten
von links
von rechts
von vorne

von links

b)

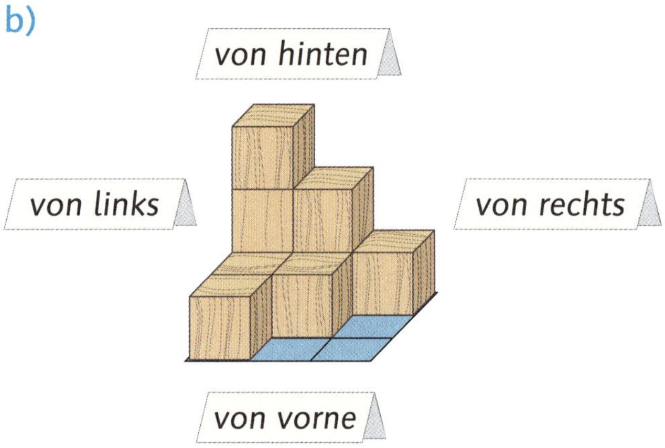

von hinten
von links
von rechts
von vorne

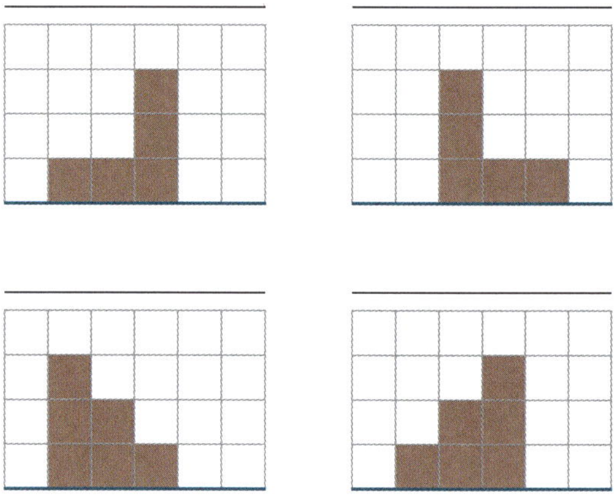

② Welche Ansicht fehlt?

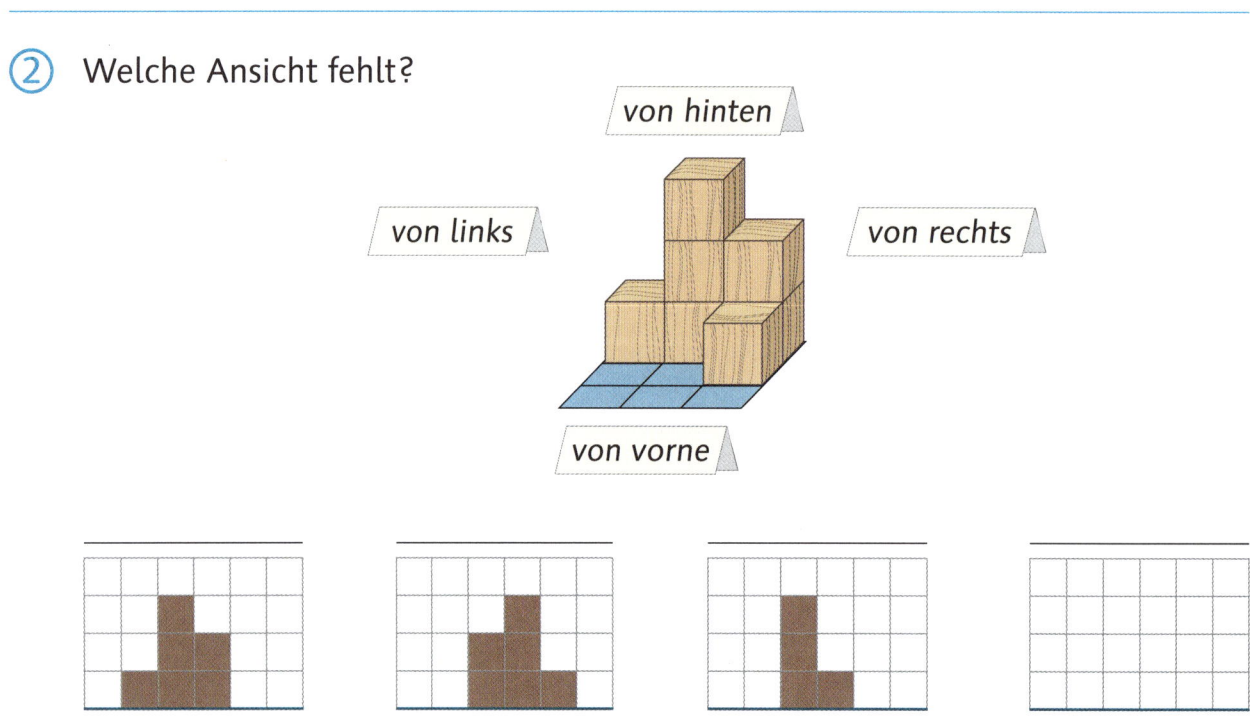

von hinten
von links
von rechts
von vorne

► SB 130/131

3 Baue das Würfelgebäude.
Schreibe den Bauplan.

a)

von vorne   von hinten

von links   von rechts

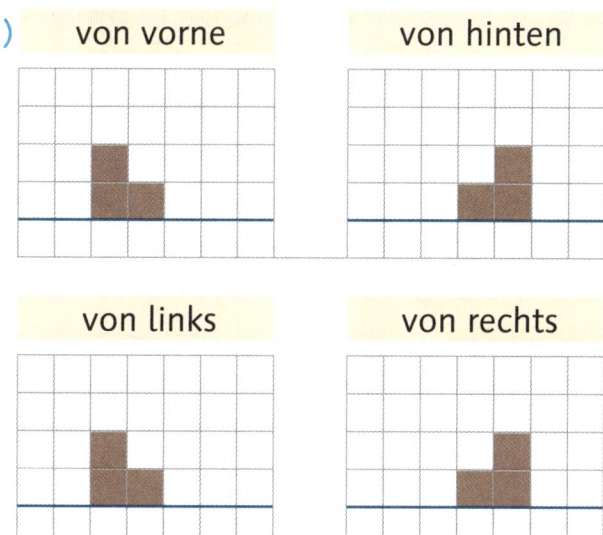
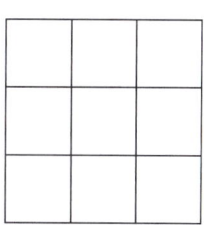

b)

von vorne   von hinten

von links   von rechts

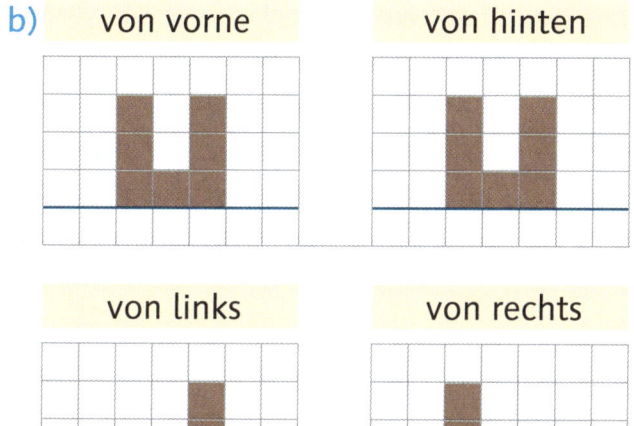
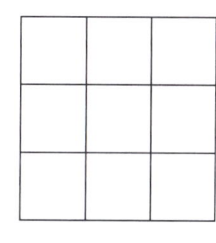

c)

von vorne   von hinten

von links   von rechts

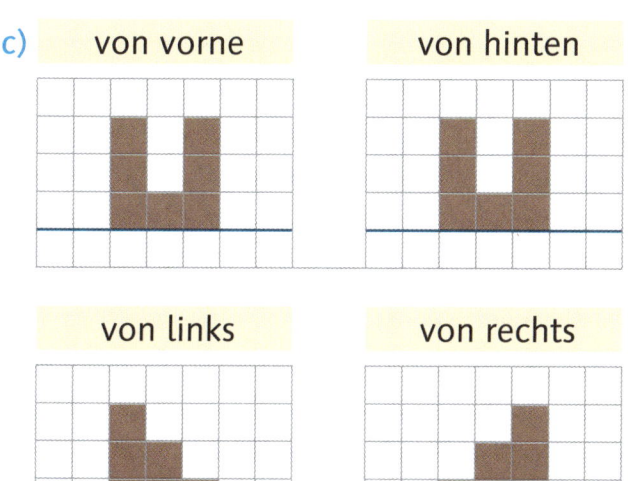
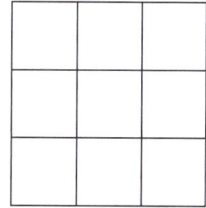

▸ SB 130/131

① Kreuze an.

	richtig	falsch
Eine Brotdose ist schwerer als ein Sportschuh.	☐	☐
Ein Klebestift ist leichter als ein Lineal.	☐	☐
Eine Schere und ein Klebestift sind gleich schwer.	☐	☐
Ein Bleistift ist leichter als eine Schere.	☐	☐
Ein Lineal ist schwerer als ein Bleistift.	☐	☐
Eine Trinkflasche ist leichter als eine Brotdose.	☐	☐

② a) Schreibe 3 richtige Sätze.

_____

_____

_____

b) Schreibe 3 falsche Sätze.

_____

_____

_____

c) Beende die Sätze.
Vergleiche mit einem Partner.

Eine Tafel Schokolade ist leichter als _____ .

Eine Tafel Schokolade ist schwerer als _____ .

Eine Tafel Schokolade und _____ sind gleich schwer.

1g 2g 5g 10g 20g 50g 100g 200g 500g 1kg

① Wie schwer sind die Gegenstände?

a)

b)

c)

_____ g   _____ g   _____ g

② Wie viel Gramm sind es?

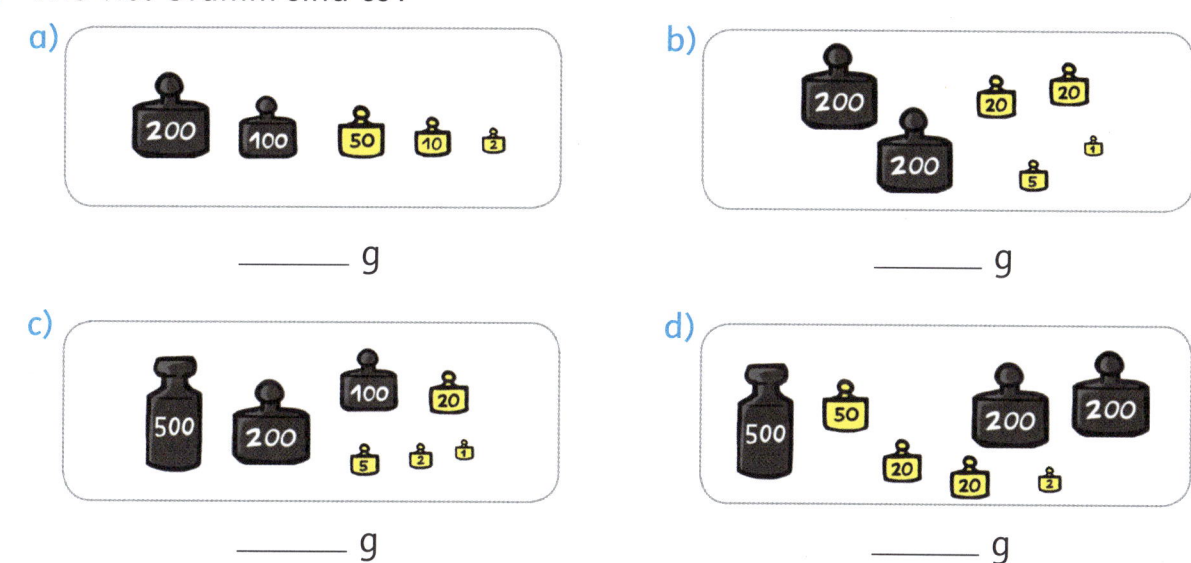

a)

_____ g

b)

_____ g

c)

_____ g

d)

_____ g

③ Mit welchen Gewichtssteinen kannst du das Gewicht legen?

	500g	200g	100g	50g	20g	10g	5g	2g	1g
591g	1								
666g									
498g									
374g									
906g									
888g									

① Ordne die Gewichte in der Tabelle und schreibe als Kommazahl.
Beginne mit dem leichtesten Gewicht.

3 kg 525 g

5 kg 300 g

2 kg 790 g

3 kg 20 g

5 kg 3 g

795 g

1 kg	,	100 g	10 g	1 g	
	,				_____
	,				_____
	,				_____
	,				_____
	,				_____
	,				_____

② Male gleiche Gewichte in der gleichen Farbe an.

4,007 kg

7 kg 4 g

4,7 kg

4 kg 70 g

7,004 kg

4 kg 700 g

7 kg 400 g

4,07 kg

4 kg 7 g

7,4 kg

7 kg 40 g

7,04 kg

③ Vergleiche die Gewichtsangaben.
Setze $<$, $>$ oder $=$ ein.

a) 6 kg 500 g ◯ 6,4 kg

6 kg 50 g ◯ 6,5 kg

6 kg 5 g ◯ 6,005 kg

b) 8,1 kg ◯ 8 kg 1 g

8,01 kg ◯ 8 kg 10 g

8,001 kg ◯ 8 kg 100 g

c) 900 g ◯ 0,09 kg

90 g ◯ 0,009 kg

9 g ◯ 0,09 kg

④ Immer 1 kg.

a)
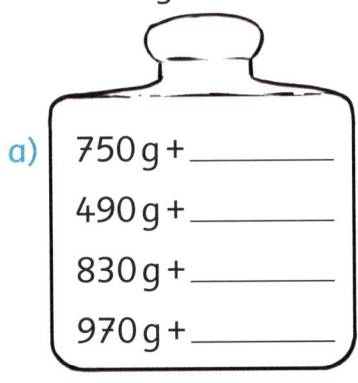
750 g + _____
490 g + _____
830 g + _____
970 g + _____

b)
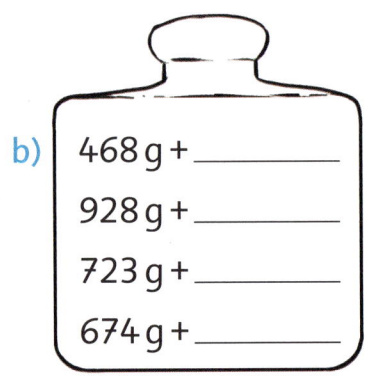
468 g + _____
928 g + _____
723 g + _____
674 g + _____

▸ SB 136

5 Finde Gegenstände und schreibe sie in die Tabelle.

ungefähr 1 kg	ungefähr 500 g	ungefähr 250 g	ungefähr 100 g

6 Welche Gewichtsangabe passt? Verbinde.

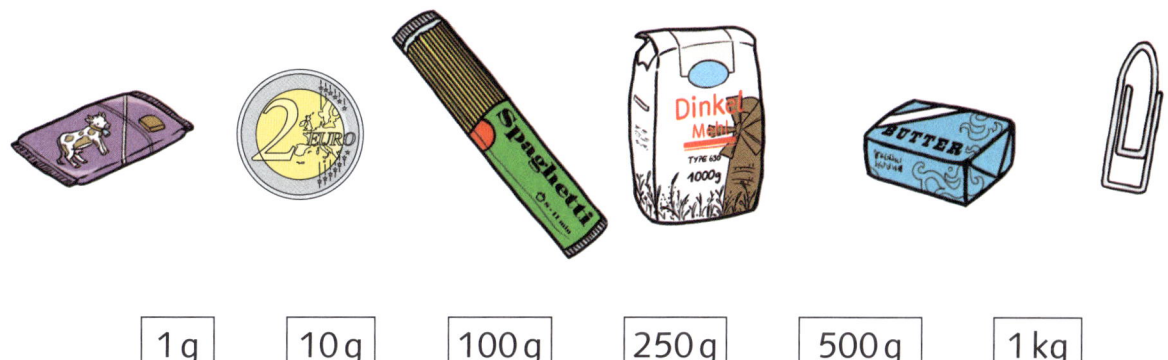

| 1 g | 10 g | 100 g | 250 g | 500 g | 1 kg |

7 Was ist gleich schwer? Verbinde.

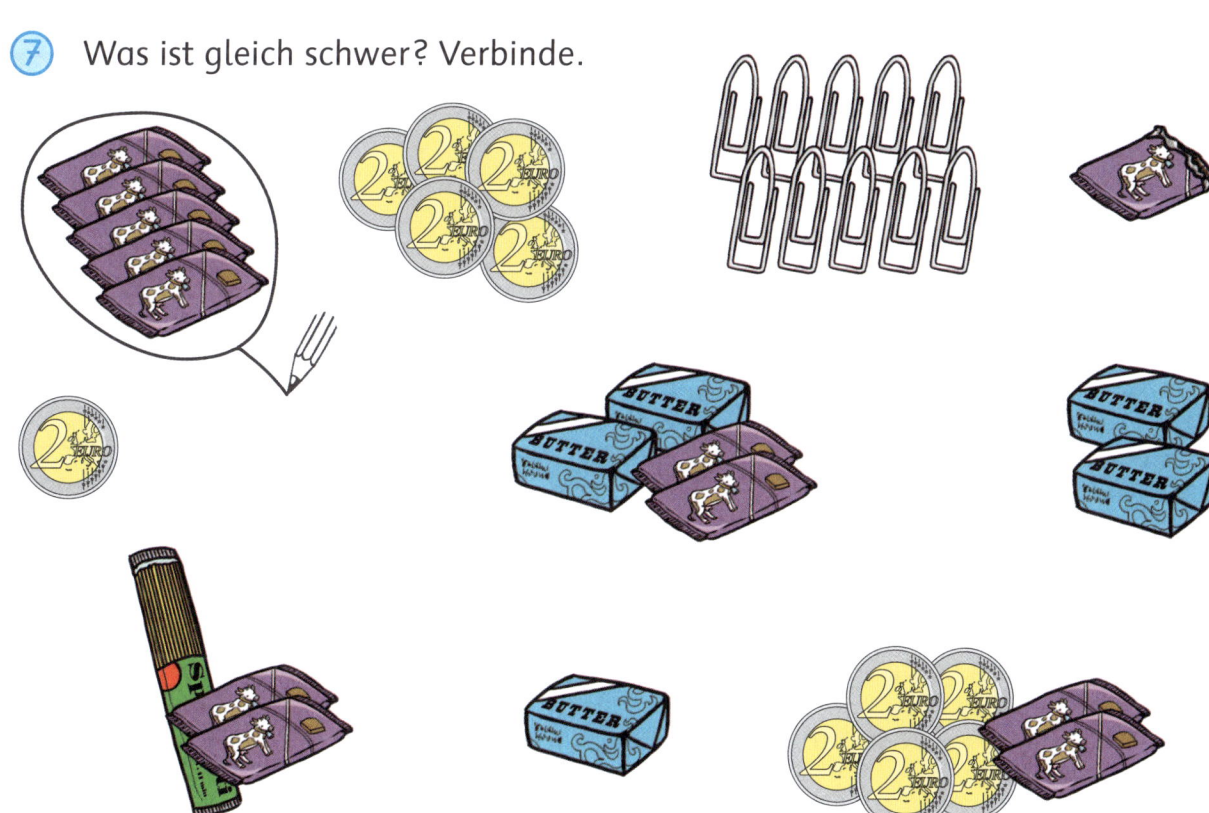

① Was passt zusammen? Verbinde.

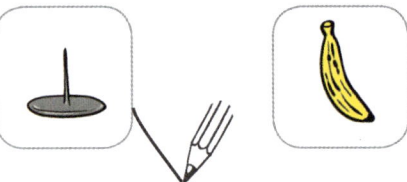  

| 3 kg 500 g | 29 kg | 1300 kg | 1 g | 10 g | 600 kg | 45 g | 250 g |

---

② Kreuze an.

	richtig	falsch
Ein Paket Zucker wiegt 1000 g.	☐	☐
Ein Schulbuch wiegt ungefähr 15 g.	☐	☐
Eine Büroklammer wiegt ungefähr 1 kg.	☐	☐
Ein Apfel wiegt ungefähr 120 g.	☐	☐
Ein Mann wiegt ungefähr 32 kg.	☐	☐
Eine Schultasche wiegt 25 kg und 700 g.	☐	☐
Ein halbes Kilogramm sind 500 g.	☐	☐

---

③ Lies den Text.
Setze die passenden Angaben ein.

| 35 kg 750 g |

Die Schultasche von Umut wiegt heute _____ .

| 900 g |

Seine Schultasche ist zu schwer, weil Umut _____ wiegt.

Umut überlegt, wie er bei seiner Schultasche

| 3 kg 500 g |

Gewicht einsparen kann. Er leert seine Hefter aus.

| 150 g |

Vorher haben seine Hefter zusammen _____ gewogen.

| 33 kg |

Jetzt wiegen sie zusammen nur noch _____ .

Zusammen mit seiner Schultasche wiegt Umut jetzt _____ .

▶ SB 135, 138

Haselnuss-Kekse

150 g Butter

250 g gemahlene Haselnüsse

350 g Mehl

150 g Zucker

1 Pck. Backpulver

3 Eier

Haferflocken-Kekse

125 g Butter

250 g Haferflocken

250 g Mehl

175 g Zucker

1 Pck. Backpulver

1 Pck. Vanillezucker

1 Prise Salz

2 Eier

Vanillekekse

120 g Butter

180 g Mehl

200 g Puderzucker

1 Pck. Backpulver

1 Vanilleschote

4 Eigelb

① Umut, Emira und Mia wollen Kekse backen.
Was müssen sie dafür einkaufen?
Schreibe einen Einkaufszettel.

		Einkaufszettel
Butter	125 g + 150 g + 120 g = 395 g	395 g Butter
Mehl		
Zucker		
Puderzucker		
Eier		
Backpulver		
Vanillezucker		

② Kreuze an.

	richtig	falsch
Umut, Emira und Mia müssen 3 Päckchen Butter kaufen.	☐	☐
Ein Paket Zucker reicht für die Kekse.	☐	☐
Umut, Emira und Mia brauchen eine Sechser-Packung Eier.	☐	☐
Ein Paket Mehl reicht nicht für die Kekse.	☐	☐
Eine Packung Haferflocken mit 500 g ist genug.	☐	☐

Mathematik

3
Arbeitsheft

Erarbeitet von

Ümmü Demirel, Astrid Deseniss, Claudia Drews, Christina Hohenstein,
Christian Grulich, Anne Schachner, Susanne Ullrich, Christine Winter und
der Cornelsen Redaktion Primarstufe

Redaktion

Mario Hanschmann-Neubert und Claudia Thomas

Illustration

Doris Umschaden

Christine Wächter S. 19, 61, 63, 84, 88, Geld (Münzen und Scheine)

Karte

Peter Kast S. 82

Layoutkonzept und Umschlaggestaltung

Katharina Wolff-Steininger und Rosendahl Berlin

Layout und technische Umsetzung

Checkplot Anker & Röhr

Zu diesem Titel passende **Lernstandserhebungen** finden Sie als Gratis-Download unter **www.cornelsen.de**.
Geben Sie dazu den Suchbegriff „Lernstandserhebungen" ein. Dort finden Sie die Links, unter denen Sie die
Lernstandserhebungen kostenlos herunterladen können.

www.cornelsen.de

1. Auflage, 10. Druck 2024

© 2013 Cornelsen Schulverlage GmbH, Berlin
© 2018 Cornelsen Verlag GmbH, Berlin

Druck: Drukarnia Dimograf Sp. z o.o., Bielsko-Biała

ISBN 978-3-06-082043-6

PEFC-zertifiziert
Dieses Produkt
stammt aus
nachhaltig
bewirtschafteten
Wäldern und
kontrollierten Quellen
PEFC/32-31-076   www.pefc.pl